C#
ミックスドプログラミング

北山洋幸●著

CUTT
カットシステム

はじめに

　本書は、C# で開発したプログラムと C や C++ 言語などで開発したプログラムを協調させて動作させる方法を解説した書籍です。C# や C++ 言語の入門レベルを終えた方々やソフトウェア開発に長く従事してきた方々を対象とします。

　C# は、C や C++ に比較して、簡単なコードで効率の良いプログラムを記述できます。新しいシステムやプロジェクトをゼロから開発する場合であれば、C# のみで開発するのは良い選択でしょう。しかし、システムが複雑で過去の資産に頼らざるをえない場合やオープンソースなどと連携させたい場合など、C# のみで完結できないことはよくあります。本書は、そのようなときに必要となるマネージドコードとアンマネージドコードを連携させることを主に解説します。

対象読者
- C# と C/C++ を融合させたい人
- C# から C/C++ で開発されたライブラリやオープンソースを利用したい人
- C や C++ で開発した過去の資産を C# から有効利用したい人

謝辞
　出版にあたり、株式会社カットシステムの石塚勝敏氏に深く感謝いたします。

2020 年秋 新型コロナの流行で外出自粛中の自宅にて　北山洋幸

本書の使用にあたって

本書に掲載したプログラムは、無償の Visual Studio Community 2019 を使用して開発しています。また、プログラムの動作確認は Windows 10 Pro（64 ビット）で行っています。Windows 10 Home（64 ビット）でもほとんどのプログラムの動作を確認しています。

本書に記載されている URL は執筆時点のものであり、変更される可能性があります。リンク先が存在しない場合はキーワードなどから自分で検索してください。

本書の記述における用語の使用について説明します。

- カタカナ語の長音表記

「メモリー」や「フォルダー」など、最近は語尾の長音符を付ける表記が一般的になっていますので、本書でもなるべく付けるようにしていますが、開発環境やドキュメントなどに従来の用語を使用している場合も多いため、長音符の有無は厳密には統一していません。

- .NET と .NET Framework と .NET Core

本書で紹介するプログラムは、.NET Framework と .NET Core のどちらで開発しても構わないものが多いです。このため、.NET Framework と .NET Core を特別区別せず、.NET と表現する場合があります。

- DLL

DLL はダイナミックリンクライブラリ（Dynamic Link Library、動的リンクライブラリ）の略です。

- オブジェクト

インスタンスと表現した方が良い場合でも、オブジェクトと表現している場合があります。両方を、厳密に使い分けていませんので、文脈から判断してください。

目　次

1

はじめての連携

　マネージドとアンマネージドを連携させる例を紹介します。C# から C++ 言語などで開発した DLL を呼び出すときの前提を先に解説すると、読む気が失せてしまうでしょう。そこで、本章では、簡単な例題を示し、具体的に C# プログラムから C++ で開発した DLL を呼び出す方法を先に解説します。その例を参考に、順次 C# と C/C++ の連携について解説します。

　紹介するプログラムは、C# から 2 つの値を渡し、DLL で 2 つの変数を加算し、それを C# 側へ返します。

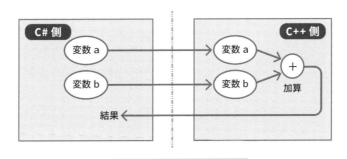

図1.1●プログラムの概要

　なお、Windows 10 には 32 ビット版と 64 ビット版があり、64 ビット版の Windows 10 では、32 ビットと 64 ビットのアプリケーションソフトウェアを動作させることができます。この組み合わせを理解しておくことは重要ですが、最初に説明を行うと混乱しますので、本件についてはしばらくしてから解説します。本書では、基本的に 64 ビットの Windows 10 で 64 ビッ

トのアプリケーションソフトウェアを動作させることを前提に説明します。なお、これらの組み合わせについては、一通り C# から DLL を呼び出す方法を解説したあとで、説明します。

1.1 DLL の開発

　まず、C# から呼び出される DLL の開発を段階を追って説明します。本書では Visual Studio Community 2019 を使用します。

（1）Visual Studio を起動し、［新しいプロジェクトの作成］を選びます。あるいは、［コード無しで続行］を選び、Visual Studio を起動したのち、メニューから［ファイル］→［新規作成］→［プロジェクト］を選んでも構いません。

図1.2●新しいプロジェクトの作成

（2）「新しいプロジェクトの作成」ダイアログが現れますが、テンプレートが多いので、[C++]を選びます。

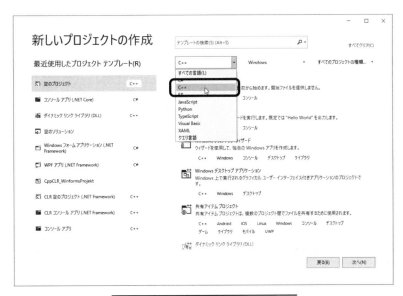

図1.3●C++用のテンプレートを表示

（3）C++ のみのテンプレートが現れますので、「空のプロジェクト」を選び、[次へ]を選択します。

図1.4●「空のプロジェクト」を選ぶ

(4)プロジェクトの「場所」と「プロジェクト名」などを入力します。この例では、「場所」はデフォルトのまま、「プロジェクト名」は分かりやすい名前に変更します。

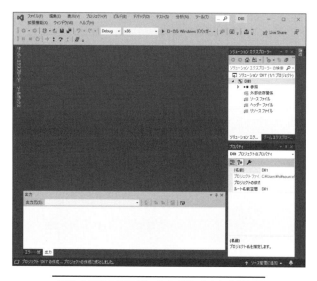

図1.5●プロジェクトの場所と名前などを入力

(5) すると、空のプロジェクトが作成されます。このプロジェクトはファイルなどを含みません。

図1.6●空のプロジェクトが作成された様子

（6）このままでは DLL は 32 ビット用で生成されるため、[x86] を [x64] へ変更します。

図1.7●　[x86] を [x64] へ

（7）また、このまままではプロジェクトは DLL ではないため、[プロジェクト] → [プロパティ] を選びます。

図1.8●　[プロジェクト] → [プロパティ] を選ぶ

（8）［全般］→［構成の種類］のドロップダウンから［ダイナミックライブラリ (.dll)］を選びます。
Debug と Release で同じ構成になるように、構成は ［すべての構成］ を選択します。

図1.9●［ダイナミックライブラリ (.dll)］を選ぶ

（9）このプロジェクトにソースファイルを追加します。ソリューションエクスプローラのソースファイル上でマウスの右ボタンを押し、［追加］ → ［新しい項目］ を選びます。

図1.10●新しい項目を追加

（10）「新しい項目の追加」ダイアログで「C++ ファイル (.cpp)」を選び、ソースファイル名を
指定します。

図1.11●ソースファイルを追加

（11）ファイルが追加され、そのファイルに、コードを記述した様子を示します。

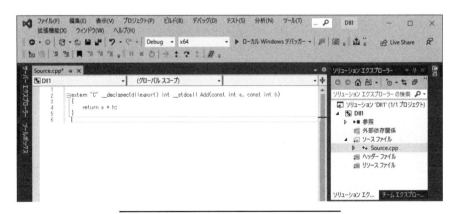

図1.12●追加されたファイルにコードを記述

（12）ビルドボタンを押して、DLL をビルドします。

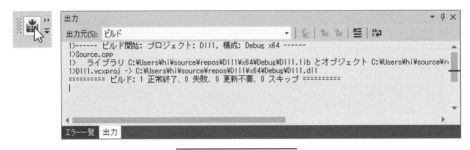

図1.13●DLLをビルド

これで 64 ビットの DLL が生成されます。以降に、ソースコードを示します。

リスト 1.1 ● Dll1 - Source.cpp

```cpp
extern "C" __declspec(dllexport) int __stdcall Add(const int a, const int b)
{
    return a + b;
}
```

渡された 2 つの int 型変数を加算し、結果を呼び出し元へ返す単純な関数です。

■ 1.1.1 __declspec

　DLL のレイアウトは EXE とよく似ています。大きな違いは、DLL ファイルにはエクスポートテーブルが含まれているということです。エクスポートテーブルには、DLL が外部に対してエクスポートする関数の名前が含まれています。エクスポートテーブルに記述されたエクスポート関数のみが、別の実行可能ファイルからアクセスできます。エクスポートしていない DLL 内の関数は、その DLL 内でしか使えません。DLL から関数をエクスポートする方法には、次の 2 つがあります。

- 関数の定義に __declspec(dllexport) キーワードを使う方法
- モジュール定義ファイル（DEF）を作成して、DLL のビルド時に .DEF ファイルを使う方法

　一般的には __declspec(dllexport) キーワードを使用します。.DEF ファイルを使う方法に

ついては後述します。

　__declspec() は、関数宣言の好きな場所に置くことができます。たとえば、

```
__declspec(dllexport) int __stdcall Add(const int a, const int b)
```

でも、

```
__stdcall __declspec(dllexport) int Add(const int a, const int b)
```

でもかまいません。__declspec(dllexport) を使うメリットは、DEF ファイルのメンテナンスを行う必要がないことです。ただし、コンパイラが生成するエクスポート序数を管理することはできません。DLL の呼び出しに名前ではなく序数を使う方法がありますが、__declspec(dllexport) を使って関数をエクスポートした場合、序数を管理できません。

■ 1.1.2 　__stdcall

　エクスポート宣言には、__stdcall が付加されています。__stdcall 呼び出し規約は、API やオープンソースで提供される DLL 関数などを呼び出すときに使用します。__stdcall 規約では、スタックは呼び出された側がクリアします。DLL 関数が __cdecl を使用している場合は、呼び出し側も、それに合わせる必要があります。__stdcall 呼び出し規約と __cdecl 呼び出し規約を混在して使用すると、スタックの処理に不都合が発生し、プログラムは正常に動作しません。呼び出し側と、呼び出され側の呼び出し規約は一致させなければなりません。本書は、__stdcall 呼び出し規約と __cdecl 呼び出し規約の実例も示します。

■ 1.1.3 　extern "C"

　C++ で開発したプログラムは、外部シンボルを装飾するため実際の関数名と異なってしまいます。この命名規約はバージョンによっても異なるため、少々やっかいな問題を引き起こします。そこで、extern "C" 構文により、C++ の名前装飾を取りやめる方法を採用します。extern "C" 構文は、C++ からほかの言語への呼び出しを整合させたり、ほかの言語から呼び出される C++ 関数の名前付け規約を変えたりするために使います。ただし、extern "C" は C++ でしか

使えません。C++ コードが extern "C" を使っていない場合は、名前の装飾を調べ、ほかの言語からその名前を使用しない限り、該当する C++ 関数を呼び出すことができません。どのように関数名が装飾されたかは、DUMPBIN などのユーティリティを使って調べることができます。

1.2 呼び出し側の開発

　次に、DLL を呼び出す側のプログラムを開発します。呼び出し側はコンソールアプリケーションで開発します。

（1）Visual Studio を起動し、［新しいプロジェクトの作成］を選びます。あるいは、［コード無しで続行］を選び、Visual Studio を起動したのち、メニューから［ファイル］→［新規作成］→［プロジェクト］を選んでも構いません。

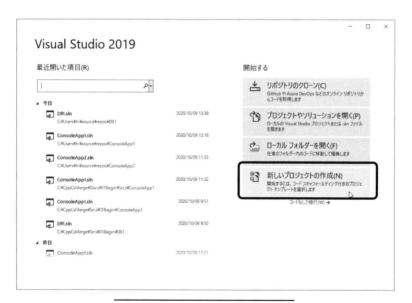

図1.14●新しいプロジェクトの作成

（2）「新しいプロジェクトの作成」ダイアログが現れますが、あまりにもテンプレートが多いので、［C#］を選びます。

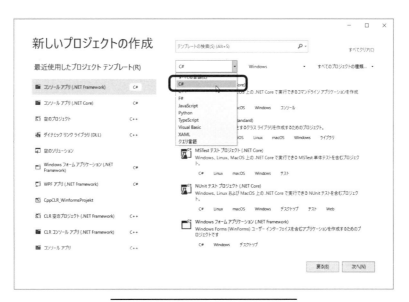

図1.15●C#用のテンプレートを表示

（3）C# のみのテンプレートが現れますので、「コンソール アプリ (.NET Framework)」を選び、
［次へ］を選択します。

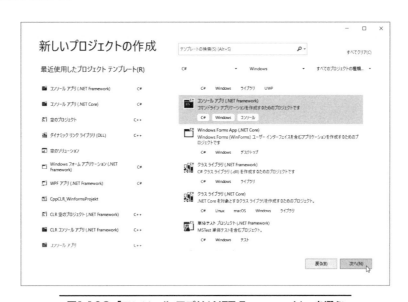

図1.16●「コンソール アプリ (.NET Framework)」を選ぶ

.NET Core

　ここでは、［コンソール アプリ (.NET Framework)］を選びますが、［コンソール アプリ (.NET Core)］を使用しても構いません。.NET Framework と .NET Core の違いについては、簡単に後述します。

（4）プロジェクトの場所と名前などを入力します。

図1.17●プロジェクトの場所と名前などを入力

（5）すると、プロジェクトが作成され、いくつかのファイルが自動的に生成されます。

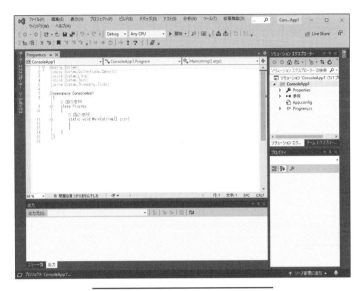

図1.18●プロジェクトが作成される

（6）ソースコードを変更し、必要なコードを追加します。ここでは、DLL の呼び出しを追加します。

```
1  using System;
2  using System.Runtime.InteropServices;
3
4  namespace ConsoleApp1
5  {
6      0 個の参照
       class Program
7      {
8          [DllImport("Dll1", EntryPoint = "Add")]
           1 個の参照
9          static extern int Add(int a, int b);
10
           0 個の参照
11         static void Main(string[] args)
12         {
13             int a = 10, b = 20;
14
15             int result = Add(a, b);
16             Console.WriteLine(a + " + " + b + " = " + result);
17         }
18     }
19  }
20
```

図1.19●ソースコードを変更

（7）これで準備完了です。ツールバーの［ソリューションのビルド］を押して、ビルドします。

図1.20●ビルドする

（8）ビルドできましたので、コマンドプロンプトを開き、実行ファイルが存在するフォルダーで実行してみましょう。

```
C:¥>cd C:¥...¥ConsoleApp1¥bin¥Debug

C:¥...¥ConsoleApp1¥bin¥Debug>ConsoleApp1

ハンドルされていない例外: System.DllNotFoundException: DLL 'Dll1' を読み込めません:指定
されたモジュールが見つかりません。 (HRESULT からの例外:0x8007007E)
   場所 ConsoleApp1.Program.Add(Int32 a, Int32 b)
   場所 ConsoleApp1.Program.Main(String[] args) 場所 C:¥...¥ConsoleApp1¥Program.cs:行 15
```

　DLL を読み込めず、エラーが発生します。

（9）DLL を実行ファイルが存在するフォルダーへコピーし、再度実行してみましょう。

```
C:¥...¥ConsoleApp1¥bin¥Debug>copy ..¥..¥..¥..¥Dll1¥x64¥Debug¥Dll1.dll .
        1 個のファイルをコピーしました。

C:¥...¥ConsoleApp1¥bin¥Debug>ConsoleApp1

ハンドルされていない例外: System.BadImageFormatException: 間違ったフォーマットのプログラ
ムを読み込もうとしました。 (HRESULT からの例外:0x8007000B)
   場所 ConsoleApp1.Program.Add(Int32 a, Int32 b)
   場所 ConsoleApp1.Program.Main(String[] args) 場所 C:¥>cd C:¥...¥ConsoleApp1¥Program.
cs:行 15
```

今度は、DLL は見つかりましたが、「間違ったフォーマット」と指摘されエラーとなっています。これは、DLL は 64 ビット対応なのに、EXE が 32 ビットのためです。

（10）EXE を 64 ビット対応へ変更します。［プロジェクト］→［プロパティ］を選択します。

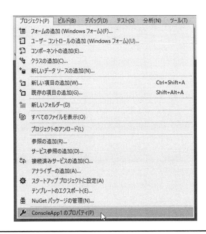

図1.21●［プロジェクト］→［プロパティ］を選択

（11）［ビルド］の［32 ビットを選ぶ］にチェックが入っていますので、これを外します。この表現は Visual Studio 2019 であってもバージョンによって異なります。プロジェクトのビットをどちらにするかはヘルプなどを参照するのも良いでしょう。

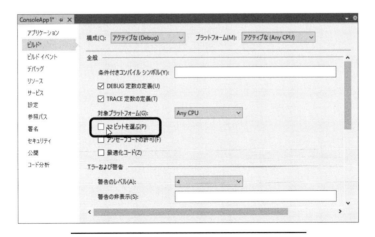

図1.22●［32ビットを選ぶ］のチェックを外す

（12）再度ビルドし、実行してみましょう。既に 64 ビット対応の DLL は（9）でコピー済みですので、EXE ファイルを起動するのみです。

```
C:¥...¥ConsoleApp1¥bin¥Debug>ConsoleApp1
10 + 20 = 30
```

　問題なく動作します。

（13）DLL をコピーしていますので IDE からも実行できるでしょう。IDE から実行する例を示します。Ctrl + F5 キーを押すか、［デバッグ］→［デバッグなしで実行］を選択します。すると、コマンドプロンプトが現れ、正常に動作しているのを観察できます。

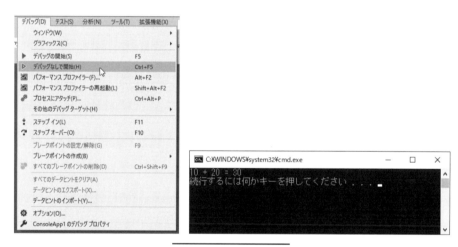

図1.23●IDEから実行

　これでアプリケーションの完成です。

　DLL のソースコードと呼び出し側のソースリストを以降に示します。まず、DLL のソースコードを示します。

リスト 1.2 ● DLL のソースリスト（Dll1 - Source.cpp）

```cpp
extern "C" __declspec(dllexport) int __stdcall Add(const int a, const int b)
{
    return a + b;
}
```

受け取った int 型変数 a と b を加算し、結果を呼び出し元へ返します。次に、呼び出し側の
ソースリストを示します。

リスト 1.3 ●呼び出し側のソースリスト（ConsoleApp1 - Program.cs）

```csharp
using System;
using System.Runtime.InteropServices;

namespace ConsoleApp1
{
    class Program
    {
        [DllImport("Dll1", EntryPoint = "Add")]
        static extern int Add(int a, int b);

        static void Main(string[] args)
        {
            int a = 10, b = 20;

            int result = Add(a, b);
            Console.WriteLine(a + " + " + b + " = " + result);
        }
    }
}
```

　DLL で宣言された関数を呼び出すには、DllImport を使用し DLL 関数名を指定しなければ
なりません。最初の指定で関数が含まれる DLL のファイル名を指定します。呼び出し側の
プログラムで、DLL の関数をエクスポート名とは異なる名前のメソッドで使用する場合は、
DllImport 属性の EntryPoint にエクスポート名を指定します。この指定を省略すると、呼び
出し側で宣言したメソッドの名前をもとに、DLL 内の関数が呼び出されます。この例では、エ

クスポート名と同じ名前を使用しますので、EntryPoint へ同じ名前を指定します。

なお、この例では、DllImport の宣言を短くしたかったため、「using System.Runtime.InteropServices;」を先頭に追加します。

一般的に、C++ 側で開発した DLL は __stdcall を使用します。C# 側には規約の指定が省略されていますが、Windows で利用される場合、規定値が StdCall なためです。C# 側で規約を明示する場合は以下のようになります。

```
[DllImport("Dll1", EntryPoint = "Add")]
static extern int Add(int a, int b);
```

これは、

```
[DllImport("Dll1", EntryPoint = "Add", CallingConvention = CallingConvention.StdCall)]
static extern int Add(int a, int b);
```

と記述したのと同じです。

1.3 アンマネージド呼び出しの概要

C# などのマネージドコードから C や C++ で開発したアンマネージドコードを呼び出したい場合があります。たとえば、過去に C や C++ で開発したプログラム、あるいは Windows API やオープンソースとして提供されている各種ライブラリなどが相当します。

これらは DLL として提供されるのが一般的です。DLL は、関数の共有ライブラリが入った実行ファイルです。Windows の API や各種ライブラリなども DLL として提供されます。オープンソースなども DLL の形式で提供される場合が少なくありません。DLL は関数の共有だけでなく、データやリソースの共有にも利用できます。

C# を使用するにあたり、積極的に C や C++ 言語で開発された DLL を利用する必然性はありません。ただし、それはシステム全体を自身で作り直す場合です。過去の資産を活用したい、あるいはオープンソースなどを使用したい場合、マネージドからアンマネージドを利用するこ

とは十分考えられます。以降に、マネージドコードからアンマネージドコードをアクセスする様子を示します。

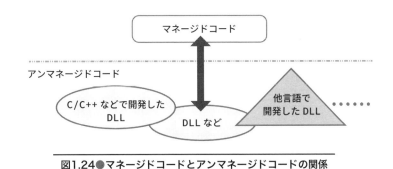

図1.24●マネージドコードとアンマネージドコードの関係

■1.3.1　関数名のエクスポート

　ダイナミックリンクライブラリ（DLL）のレイアウトは実行ファイルと似ています。大きな違いは、DLL ファイルにはエクスポートテーブルが含まれている点です。エクスポートテーブルには、DLL が外部に対してエクスポートする関数の名前が含まれています。エクスポートテーブルに記述された関数のみが、外部からアクセスできます。DLL 内のエクスポートしていない関数は、その DLL 内でしか使えません。

　DLL から関数をエクスポートする方法には、次の 2 つがあります。

- 関数の定義に __declspec(dllexport) キーワードを使う方法
- モジュール定義ファイル（.DEF）を作成して、DLL のビルド時に .DEF ファイルを使う方法

　関数をエクスポートする場合、__stdcall 呼び出し規約を使うのが一般的です。オープンソースや API などは、呼び出し規約に __stdcall を使用しています。しかし、自身で DLL を開発する場合、__cdecl 呼び出し規約を使用しても構いません。どちらであっても、呼び出し側と、呼び出され側の規約が一致していれば問題ありません。

1.4 .NET Framework と .NET Core

これまでは .NET と表現したときは .NET Framework を指していました。しかし、現在ではマルチプラットフォームに対応した .NET Core が存在します。このため、.NET と表現したとき、.NET Framework と .NET Core の両方を指している場合もあります。本書では、.NET Core と .NET Framework を明確にしたい場合は前記のように表現し、両者に共通な場合は .NET と表現します。

■1.4.1 .NET Core

Windows 上でのみ動作する .NET Framework（従来の .NET）は、出現以来バージョンアップを重ねてきています。その後、Windows、Linux、macOS で動作するクロスプラットフォームな .NET Core が発表されました。このとき、今まで Windows のみをサポート対象としてきた .NET が、マルチプラットフォーム対応となり、GitHub でオープンソースとして公開されました。

■1.4.2 .NET Framework と .NET Core

現在では「.NET」と呼べる環境がいくつか存在します（Xamarin も含めると）。ここでは、.NET Framework と .NET Core の違いについて考えてみましょう。

.NET Framework

Windows 上で GUI アプリケーション（WPF、Windows フォーム）や、IIS に配置する Web アプリケーション／サービス（ASP.NET）、Office や Visual Studio の拡張（アドインやエクステンション）といった、従来からの Windows プラットフォーム環境向けアプリケーションの開発が対象です。

.NET Core

サーバーサイドでの利用、つまり IIS に依存しない Web アプリケーション／サービス（ASP.NET Core）や、GUI を持たないコンソールアプリケーションといったクロスプラットフォーム

環境向けの開発が対象です。本書のコンソールアプリケーションでは .NET Framework を採用していますが、.NET Core を使用しても構いません。また、.NET Core を利用する最新の UWP（Windows 10 ファミリー向けのアプリケーション）の開発も対象です。

　本書のプログラムで、.NET Framework と .NET Core の違いについて意識することは多くないでしょう。ただ、テンプレートなどを選ぶ際に両者が出てきますので、何が異なるのか理解しておく必要はあるでしょう。詳細について知りたければマイクロソフト社の「.NET documentation」（https://docs.microsoft.com/ja-jp/dotnet/）などを参照してください。

2

ソリューションにまとめる

それぞれのプロジェクトを別々に管理するのは面倒です。本章では、呼び出し側とDLL側の2つのプロジェクトを、1つのソリューションで管理する方法を解説します。

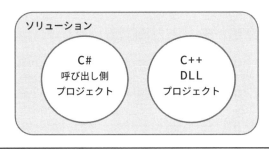

図2.1●1つのソリューションで2つのプロジェクトを管理

2.1 ソリューションにまとめる

すでに存在するソリューションへ別のプロジェクトを追加し、複数のプロジェクトを1つのソリューションで管理することもできますが、中身のない空のソリューションを作成し、これに複数のプロジェクトを追加することもできます。独自のソリューションを作成する場合、空

のソリューションが適しています。

　以降に、空のソリューションを作成し、それに前章で開発した2つのプロジェクトを統合する方法を紹介します。

（1）メニューバーで、[ファイル] → [新規作成] → [プロジェクト] の順に選択します。

図2.2●新しいプロジェクトの作成

（2）「新しいプロジェクトの作成」ページで、検索ボックスに「ソリューション」と入力します。「空のソリューション」テンプレートを選択して、[次へ] をクリックします。

図2.3●「空のソリューション」テンプレートを選択

（3）ソリューションの「名前」と「場所」の値を入力して、［作成］を選択します。

図2.4●ソリューションの場所と名前などを入力

（4）すると、空のソリューションが作成されます。このソリューションは、プロジェクトを含みません。

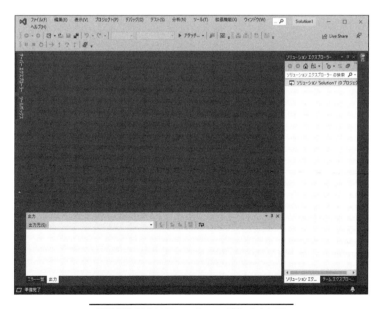

図2.5●空のソリューションが作成される

（5）このソリューションにプロジェクトを追加します。ソリューションエクスプローラでマウスの右ボタンを押し、［追加］→［新しい項目］を選びます。あるいは、［新しいプロジェクト］を選び、「1.1 DLL の開発」に従って新規のプロジェクトを追加しても構いません。

図2.6●［新しい項目］を選ぶ

（6）DLL のプロジェクトを選択します。

図2.7●DLLのプロジェクトを選択

（7）ソリューションに Dll1 プロジェクトが追加されます。

図2.8●Dll1プロジェクト追加

（8）同様に、ソリューションに呼び出し側のプロジェクトを追加します。あるいは、［新しい プロジェクト］を選び、1.2 節「呼び出し側の開発」に従って新規のプロジェクトを追加して も構いません。

図2.9●呼び出し側のプロジェクトを追加

（9）呼び出し側プロジェクトをスタートアッププロジェクトに設定します。呼び出し側プロジェクトの上で、右マウスボタンを押し、［スタートアッププロジェクトに設定］を選択します。

図2.10●スタートアッププロジェクト

（10）せっかく2つのプロジェクトを1つのソリューションに統合しましたが、DLL や EXE は異なる場所に配置されます。そこで、IDE から簡単にプログラムを実行できるように、DLL ファイルを EXE ファイルの場所へ配置するようにするため、［プロジェクト］→［プロパティ］を選びます。

図2.11●［プロジェクト］→［プロパティ］を選ぶ

（11）［全般］→［構成の種類］の［出力ディレクトリ］のドロップダウンから［参照］を選びます。構成やプラットフォームで場所が異なりますので、それぞれ設定が必要です。ここでは Debug と x64 の例を示します。

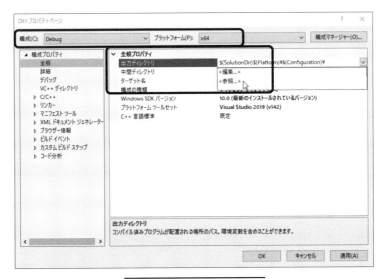

図2.12●出力ディレクトリ

（12）呼び出し側プロジェクトの Debug 用の EXE が配置される場所を指定します。

図2.13●出力ディレクトリの選択

　この例では［構成］に［Debug］を選んでいますが、［すべての構成］を選ぶとともに $(Configuration) を指定することによって、Debug 用と Release 用の両方を指定することも可

能です。もちろん、Debug と Release を別々に選択し、出力先を明示的に Debug と Release
と指定しても構いません。

> ここでは Debug 用の例を紹介していますが、[構成] を [すべての構成] へ変更し、[全般] の
> [出力ディレクトリ] へ「..¥..¥ConsoleApp1¥ConsoleApp1¥bin¥$(Configuration)¥」を指定
> するのも良いでしょう。パスの指定は自身の環境に合わせてください。ソリューションフォル
> ダーの配下に各プロジェクトのフォルダーを配置したほうが、管理や [出力ディレクトリ] の
> 指定が簡単になる場合もあります。

（13）ソリューションのビルドを行うため、[ビルド] → [バッチビルド] を選びます。

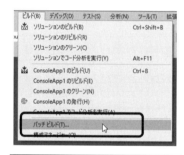

図2.14●[バッチビルド] を選ぶ

（14）ビルドしたいものにチェックを付け、[リビルド] を押します。

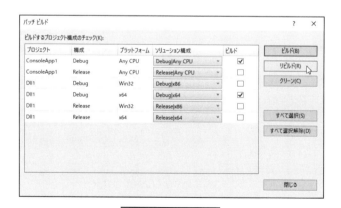

図2.15●リビルド

（15）ビルドが成功したら、Ctrl + F5 キーを押すか、［デバッグ］→［デバッグなしで実行］を選択します。すると、コマンドプロンプトが現れ、正常に動作しているのを観察できます。

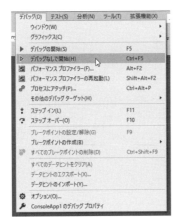

図2.16●IDEから実行

この例では、Debug と x64 の組み合わせを説明しました。ほかの構成を試すには、（11）で紹介した DLL を出力するディレクトリを適宜変更してください。また、片方のプロジェクトを変更したときに自身のプロジェクトもビルドしたい場合は、［プロジェクト］→［プロジェクトの依存関係］メニューから、依存関係にあるプロジェクトにチェックを付けてください。

ここでは空のソリューションに既存のプロジェクトを追加しましたが、先に空のソリューションを作成しておき、新規のプロジェクトをソリューションに追加しても良いでしょう。

各ファイルの参照関係からフォルダーを移動すると参照でエラーが発生する場合もあります。フォルダーの移動を行った場合は、適宜、参照関係を変更してください。

3

ビット数の混在

　本章では、オペレーティングシステムのビット数と、プロセスのビット数について解説します。同時に、プロセスは EXE と DLL が連携しますので、それぞれのビット数の組み合わせに注意を払う必要があります。

　64 ビットの Windows では、32 ビットと 64 ビットのプロセスが存在します。本書では、呼び出し側と呼び出され側が存在するため、それぞれが目的とするビット数が異なるとプログラムは起動できません。本章では、混乱しがちなビット数について整理します。

3.1 ビット数の混在

　Windows には、32 ビットと 64 ビットが存在します。それぞれのプラットフォームで、どのような組み合わせがあるか示します。

表3.1●ビット数の組み合わせ

Windows のビット数	EXE（ビット数）	DLL（ビット数）	組み合わせ
32	x86(32)	x86(32)	○
		x64(64)	×
	x64(64)	×	
64	x86(32)	x86(32)	○
		x64(64)	×
	x64(64)	x86(32)	×
		x64(64)	○

x64 は 64 ビット、x86 は 32 ビットです。x86 は Win32 と表現する場合もあります。

32 ビットの Windows では、すべてが 32 ビットでなければならないため混乱は起きないでしょう。32 ビットの Windows が採用されるのは、過去の資産などとの整合性を保つためと思われ、今後は 64 ビットへ移行することが考えられます。このため、本書では 64 ビットの Windows を中心に解説します。

64 ビットの Windows では、32 ビットと 64 ビットのプロセスが動作できるため、意図せず目的外のビットで動作させてしまう場合があります。

3.2 プラットフォーム

ネイティブプログラム、つまり DLL はビルド時にビット数を指定しなければなりません。.NET Framework の場合、ビルド時にプラットフォームに「x86」、「x64」以外に「Any CPU」が選択できます。Any CPU を選択した場合、次のような挙動を示します。

● EXE の動作
OS が 32 ビットの場合、32 ビットのプロセスとして動作します。
OS が 64 ビットの場合、64 ビットのプロセスとして動作します。

● DLL の動作

呼び出し側の EXE が 32 ビットで動作している場合、32 ビットで動作します。

呼び出し側の EXE が 64 ビットで動作している場合、64 ビットで動作します。

ただし、Any CPU を選択していてもプロジェクトのプロパティで［32 ビットを選ぶ］にチェックを付けておくと、32 ビット対応でビルドされてしまいます。これらの扱いについては後述します。本書では呼び出し側を C# で開発しますので、EXE のみを考えれば十分です。本書は、64 ビットの Windows で 64 ビットのプロセスを動作させることを中心に解説します。ただ、Visual Studio を何気なく使用すると 32 ビットプロセスのプログラムを開発してしまい、自分の開発したプログラムが 64 ビットで動作していないことがあります。

3.3 64 ビット環境で 32 ビットプロセス

具体的に、64 ビット環境なのに 32 ビットプロセス用のプログラムを開発してしまう例を示します。

1.1 節「DLL の開発」の（6）で［x86］から［x64］への変更を忘れたり、1.2 節「呼び出し側の開発」の（11）で［32 ビットを選ぶ］のチェックを外し忘れたりすると、64 ビット環境で 32 ビットプロセスを開発してしまいます。デフォルトのまま使用すると陥る間違いですので注意が必要です。以降に、本節の組み合わせを示します。

表3.2●

Windows のビット数	EXE（ビット数）	DLL（ビット数）	組み合わせ
32	x86(32)	x86(32)	○
		x64(64)	×
	x64(64)	×	
64	x86(32)	x86(32)	○
		x64(64)	×
	x64(64)	x86(32)	×
		x64(64)	○

実行例と、ビット数を確認したダンプを示します。

```
C:¥>ConsoleApp1¥bin¥Debug¥ConsoleApp1
10 + 20 = 30
```

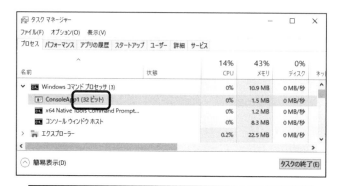

図3.1●タスクマネージャーでプログラムのビット数を確認

タスクマネージャーでプログラムを覗くと、ConsoleApp1 は 32 ビットプロセスであること
を観察できます。

3.4 64 ビット環境で 64 ビットプロセス

第 1 章「はじめての連携」で解説した通り開発すると、64 ビット環境で 64 ビットプロセスとなるプログラムを開発できます。

表3.3●

Windows のビット数	EXE（ビット数）	DLL（ビット数）	組み合わせ
32	x86(32)	x86(32)	○
		x64(64)	×
	x64(64)	×	
64	x86(32)	x86(32)	○
		x64(64)	×
	x64(64)	x86(32)	×
		x64(64)	○

ビット数を確認した様子を示します。

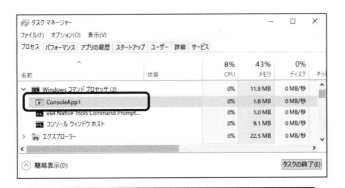

図3.2●タスクマネージャーでプログラムのビット数を確認

タスクマネージャーでプログラムを覗くと、ConsoleApp1 の後ろに何も表示されていません。つまりプロセスは 64 ビットであることを観察できます。先の例では、「ConsoleApp1 (32 ビット)」と表示されます。

4

データ型

マネージドコードとアンマネージドコード間のデータ型について解説します。また、データを相互交換する方法も説明します。アンマネージドのデータを、.NET のアプリケーションへ渡す、あるいは受け取る場合、複雑なメカニズムが働きます。ただ、通常のアプリケーション開発者が内部動作を知る必要も興味もないでしょう。ここでは、マネージドとアンマネージドのデータ型について解説します。

4.1 マネージドとアンマネージドのデータ型

　マネージドコード（C#）からアンマネージドコード（C または C++）で開発した DLL とデータを交換するには、それぞれの対応を知っておく必要があります。表にマネージドコード（C#）の型とアンマネージドのデータ型の対応を示します。C# の組み込み型のキーワードは、System 名前空間に組み込まれた型の Alias（エイリアス、別名）であるため、C# 側は C# 表現か .NET 表現のどちらを使っても構いません。

　Windows には 32 ビットシステムと 64 ビットシステムが存在し、マネージドコードは CPU を特定しないでビルドできるため組み合わせは複雑です。すべての組み合わせに対応させることも可能ですが、少々面倒になりテストも大変ですので、予想される組み合わせに限った方が

不具合を回避しやすいでしょう。

表4.1●マネージドコードとアンマネージドのデータ型対応表（Any CPUとx64）

マネージド		アンマネージド
C# 表現	.NET 表現	
bool	Boolean	long
byte	Byte	unsigned char
char	Char	char
short	Int16	short
ushort	UInt16	unsigned short
int	Int32	int
		long
uint	UInt32	unsigned int
		unsigned long
long	Int64	long long
float	Single	float
double	Double	double
byte[]	Byte[]	unsigned char*
T []	T []	T *
UInt64	Uint64	size_t
-	Text.StringBuilder	char *
string	String	const char *

4.2 マネージドとアンマネージドのデータサイズ

　同一の環境であれば、データ型はそれぞれ1対1で対応します。たとえば、ポインターやsize_t などはオペレーティングシステムのビット数に影響を受けます。ただ、オペレーティングシステムのビット数に関係なく、ポインターは通常のマネージドコードでは扱わないため、データ交換には注意を払う必要があります。

　データ型とは直接関係しませんが、マネージドコード側からオブジェクトのアドレスを渡し、そのオブジェクトをアンマネージドコードが操作する場合、ガーベジコレクタの動作に注意しなければなりません。マネージドコードは開発者にメモリー配置やリソース管理を意識さ

せませんが、アンマネージドコードはアドレスやリソースを強く意識します。たとえば、アンマネージドでは、メモリーを割り付け、そのアドレスを他者に渡し、受け取った側はアドレスを使ってオブジェクトを操作することは日常的なことです。しかし、このような操作をマネージドコードとアンマネージドコード間で行うと不都合が生じます。基本的にアドレスを意識しないマネージドコードでは、オブジェクトがある特定の物理的位置に行儀よく存在するという保証はありません。そのため、アンマネージド側からマネージド側のリソースを操作する場合、マネージド側でリソースにアンカーを打って移動しないようにするなど、オブジェクトがガーベジコレクタの対象とならないように留意しなければなりません。

4.3 データモデル

　本書で紹介するプログラムは、いろいろな条件でビルド・実行できます。オペレーティングシステムはそれぞれ異なるデータモデルを持っています。データモデルは当然プログラムに影響を与えます。また、C# はマネージドコードなので、CPU を意識しない Any CPU でビルドできます。Any CPU でビルドした場合、オペレーティングシステムのビット数によってデータモデルが変化します。

　int や long といったデータ型やポインターのサイズなどを、オペレーティングシステムの抽象化データモデルと呼びます。採用するデータモデルによってデータサイズが変わるため、当然ですが構造体も影響を受けます。抽象化データモデルの例を次表に示します。

表4.2●抽象化データモデル

OS のビット数	データモデル	Int（ビット）	long（ビット）	ポインター（ビット）
32 ビット	ILP32	32	32	32
64 ビット	IL32P64（LLP64）	32	32	64
	I32LP64（LP64）	32	64	64
	ILP64	64	64	64

　ほとんどの 32 ビットシステムでは ILP32 が採用されています。I は int、L は long、P はポインターを指し、それぞれすべてが 32 ビット、つまり 4 バイトで構成されることを示します。64 ビットシステムでは、IL32P64 を採用するものと I32LP64 を採用するものが多いで

す。IL32P64 は LLP64 と表現される場合もあります。IL32P64 は、文字どおり、int と long が 32 ビットでポインターが 64 ビットです。64 ビットの Windows はこのモデルを採用しています。そのため、32 ビットシステムと 64 ビットシステムともに long が 4 バイトです。

　ところが、マネージドコードが上記とまったく同じかというと、そうでもないため話がややこしくなります。C# などのマネージドコードはデータの抽象化がさらに高く、通常はオブジェクトのサイズなどは意識しません。したがって、マネージドコードとアンマネージドコードを連携させる場合、マネージドコードでのオブジェクトの扱われ方について理解しておく必要があります。

4.4 データサイズの比較

　論より証拠と言いますが、実際にデータサイズを表示するプログラムを作って、それぞれの環境で動作させてみます。

■ 4.4.1 アンマネージドのデータサイズ

　まず、C 言語で記述したプログラムを x86（Win32）と x64 の両方でコンパイルし、32 ビット Windows と 64 ビット Windows の両方で動作させてみます。プログラムのソースリストを次に示します。

リスト 4.1 ●アンマネージドのデータサイズ表示サンプル

```
int
main()
{
    printf("sizeof(char)   = %d¥n", sizeof(char));
    printf("sizeof(short)) = %d¥n", sizeof(short));
    printf("sizeof(int))   = %d¥n", sizeof(int));
    printf("sizeof(long))  = %d¥n", sizeof(long));
    printf("sizeof(float)) = %d¥n", sizeof(float));
    printf("sizeof(double)) = %d¥n", sizeof(double));
    printf("sizeof(size_t)) = %d¥n", sizeof(size_t));
```

```
    printf("sizeof(void*))  = %d¥n", sizeof(void*));

    return 0;
}
```

　このプログラムを x86（Win32）と x64 でビルドし、実行した結果を表に示します。

表4.3●32ビットWindowsで実行

データ型	x86 でビルド	x64 でビルド
char	1	実行不可
short	2	実行不可
int	4	実行不可
long	4	実行不可
float	4	実行不可
double	8	実行不可
size_t	4	実行不可
void*	4	実行不可

表4.4●64ビットWindowsで実行

データ型	x86 でビルド	x64 でビルド
char	1	1
short	2	2
int	4	4
long	4	4
float	4	4
double	8	8
size_t	4	8
void*	4	8

　表から分かるように、size_t やポインターのサイズが異なります。32 ビット Windows では 4 バイト、64 ビット Windows では 8 バイトです。

■**4.4.2 マネージドのデータサイズ**

さて、今度はマネージドコードで同じ実験を行ってみましょう。プログラムのソースリストを次に示します。

リスト 4.2 ●マネージドのデータサイズ表示サンプル

```csharp
using System;
using System.Runtime.InteropServices;

class Program
{
    static void Main(string[] args)
    {
        Console.WriteLine("Marshal.SizeOf(type(byte))={0}",
                              Marshal.SizeOf(typeof(byte)));
        Console.WriteLine("Marshal.SizeOf(type(short))={0}",
                              Marshal.SizeOf(typeof(short)));
        Console.WriteLine("Marshal.SizeOf(type(int))={0}",
                              Marshal.SizeOf(typeof(int)));
        Console.WriteLine("Marshal.SizeOf(type(long))={0}",
                              Marshal.SizeOf(typeof(long)));
        Console.WriteLine("Marshal.SizeOf(type(float))={0}",
                              Marshal.SizeOf(typeof(float)));
        Console.WriteLine("Marshal.SizeOf(type(double))={0}",
                              Marshal.SizeOf(typeof(double)));
        Console.WriteLine("Marshal.SizeOf(type(IntPtr))={0}",
                              Marshal.SizeOf(typeof(IntPtr)));
    }
}
```

このプログラムを x86（Win32）、x64、Any CPU のそれぞれでビルドし、実行した結果を表に示します。

表4.5●32ビットWindowsで実行

データ型	x86 でビルド	x64 でビルド	Any CPU でビルド
byte	1	実行不可	1
short	2	実行不可	2
int	4	実行不可	4
long	8	実行不可	8
float	4	実行不可	4
double	8	実行不可	8
IntPtr	4	実行不可	4

表4.6●64ビットWindowsで実行

データ型	x86 でビルド	x64 でビルド	Any CPU でビルド
byte	1	1	1
short	2	2	2
int	4	4	4
long	8	8	8
float	4	4	4
double	8	8	8
IntPtr	4	8	8

　マネージドでは、x86（Win32）と x64 に加え Any CPU が増えます。組み合わせが面倒ですが、基本的にマネージドコードは Any CPU でビルドし、アンマネージドの size_t やポインターを IntPtr に対応させれば整合性が取れます。また、long は使用せず、int を使用しましょう。Any CPU でビルドしておけば、実行形式は仮想マシン上で動作するため、リコンパイルする必要もなく、32/64 ビット Windows で問題なく動作するでしょう。

　long に関しては、64 ビット Windows が IL32P64 を採用しているらしいのに対し、.NET Framework は I32LP64 のような振る舞いをします。そのため、マネージドとアンマネージド間データを交換する場合、long の取り扱いは注意が必要です。

　なお、動作させる Windows のビット数があらかじめ固定されている場合、size_t などを IntPtr にせず、Uint64 を使用しても支障はありません。ポインターに関しても同様です。自身の動作環境が固定される場合、都合のよい型を採用しても良いでしょう。本書は基本的に C# 側は Any CPU でビルド、Windows は 64 ビットと考えて解説します。

5

数値型をマネージドから
アンマネージドへ渡す

数値型のデータをマネージドからアンマネージドへ渡す方法を紹介します。

5.1 Byte 型と Char 型

　マネージドの Byte 型と Char 型をアンマネージドへ渡す例を示します。C# の byte 型、もし
くは Byte 型に対応するアンマネージドの型は unsigned char 型と char 型です。C# の byte 型は、
0 ～ 255 を格納できる符号なし 8 ビット整数型です。また、マネージドからアンマネージド
の char 型に情報を渡す方法を考えてみましょう。アンマネージドの char 型に対応する C# の
型は Char です。C# の Char 型は C/C++ 言語の char とは異なります。8 ビットではなく、16
ビットで Unicode 文字を格納できます。ここで示すプログラムはワイド文字へ対応していま
せん。ワイド文字を扱いたい場合、第 8 章「文字列の受け渡し」を参照してください。

　呼び出され側（アンマネージド）の C++ ソースリストを次に示します。

リスト 5.1 ● ByteChar - Source.cpp（DLL）

```cpp
#include <iostream>

using namespace std;
```

```cpp
extern "C"
{
    void __declspec(dllexport) __stdcall dllbyte(const unsigned char a);
    void __declspec(dllexport) __stdcall dllchar(const char b);
}

// unsigned char / byte
void __declspec(dllexport) __stdcall dllbyte(const unsigned char a)
{
    cout << "a = " << a << ", " << (int)a << endl;
}

// Char受け取り
void __declspec(dllexport) __stdcall dllchar(const char b)
{
    cout << "b = " << b << endl;
}
```

DLL を呼び出す（マネージドの）C# ソースリストを次に示します。

リスト 5.2 ● ByteChar - Program.cs

```csharp
using System;
using System.Runtime.InteropServices;

namespace ConsoleApp1
{
    class Program
    {
        [DllImport("Dll1.dll")]
        private static extern void dllbyte(byte a);

        [DllImport("Dll1.dll")]
        private static extern void dllchar(char a);

        static void Main(string[] args)
        {
            byte a = 0x41;
```

```
            dllbyte(a);

            Char b = 'b';
            dllchar(b);

            Console.ReadKey();
        }
    }
}
```

　実行結果を次に示します。C# の値が DLL へ正常に渡されています。実行するときは、実行ファイルと DLL ファイルを同一ディレクトリに存在するようにソリューションを設定するか、DLL を EXE が存在するフォルダーにコピーしてから実行してください。C# のプログラムは Any CPU でビルドし、DLL は x64 でビルドします。動作確認は 64 ビット Windows を使用します。ビルドなどについては、2.1 節「ソリューションにまとめる」を参照してください。

```
a = A, 65
b = b
```

　extern "C" に続くコードは C 言語で開発するときは必要ではありません。そこで、どちらでも利用したい場合は、以降に示すように関数の宣言を C++ 言語のときだけ有効になるようなコードを挿入すると良いでしょう。

```
#ifdef  __cplusplus
extern "C"
{
#endif  /*  __cplusplus */
    void __declspec(dllexport) __stdcall dllbyte(unsigned char inByte);
    void __declspec(dllexport) __stdcall dllchar(char inChar);
#ifdef  __cplusplus
}
#endif  /*  __cplusplus */
```

いくつかの整数型をマネージドからアンマネージドへ渡す方法を示します。C# の int 型、uint 型、short 型、および、long 型をアンマネージドへ渡す例を示します。それぞれの型を DLL の int 型、unsigned int 型、short 型、および、long long 型で受け取ります。呼び出され側（アンマネージド）の C++ ソースリストを次に示します。

リスト 5.3 ● Integer - Source.cpp（DLL）

```
#include <iostream>

#define DLLAPI __declspec(dllexport) __stdcall  // 初めて

using namespace std;

extern "C"
{
    void DLLAPI dllint(const int a);
    void DLLAPI dlluint(const unsigned int a);
    void DLLAPI dllshort(const short a);
    void DLLAPI dlllong(const long long a);
}

// int
void DLLAPI dllint(const int a)
{
    cout << "a = " << (int)a << endl;
}

// unsigned int
void DLLAPI dlluint(const unsigned int a)
{
    cout << "a = " << (int)a << endl;
}

// short
```

```
void DLLAPI dllshort(const short a)
{
    cout << "a = " << (int)a << endl;
}

// long long
void DLLAPI dlllong(const long long a)
{
    cout << "a = " << (int)a << endl;
}
```

DLL を呼び出す（マネージドの）C# ソースリストを次に示します。

リスト 5.4 ● Integer - Program.cs

```
using System;
using System.Runtime.InteropServices;

namespace ConsoleApp1
{
    class Program
    {
        [DllImport("Dll1.dll")]
        private static extern void dllint(int a);

        [DllImport("Dll1.dll")]
        private static extern void dlluint(uint a);

        [DllImport("Dll1.dll")]
        private static extern void dllshort(short a);

        [DllImport("Dll1.dll")]
        private static extern void dlllong(long a);

        static void Main(string[] args)
        {
            int a = -3;          //int
            dllint(a);
```

```
        uint b = 32767;      //uint
        dlluint(b);

        short c = -444;     //short
        dllshort(c);

        Int16 d = 333;
        dllshort(d);

        long e = -32767;     //long(x86/x64で異なる、注意)
        dlllong(e);

        Console.ReadKey();
    }
  }
}
```

実行結果を示します。

```
a = -3
a = 32767
a = -444
a = 333
a = -32767
```

5.3 浮動小数点型

　いくつかの浮動小数点型をマネージドからアンマネージドへ渡す方法を示します。C# の float 型、Single 型、および double 型をアンマネージドへ渡す例を示します。それぞれの型を DLL の float 型、float 型、および double 型で受け取ります。呼び出され側（アンマネージド）の C++ ソースリストを次に示します。

リスト 5.5 ● floats - Source.cpp（DLL）

```cpp
#include <iostream>
#include <iomanip>

#define DLLAPI __declspec(dllexport) __stdcall

using namespace std;

extern "C"
{
    void DLLAPI dllfloat(const float a);
    void DLLAPI dlldouble(const double a);
}

// float
void DLLAPI dllfloat(const float a)
{
    cout << fixed << setprecision(15) << a << endl;
}

// double
void DLLAPI dlldouble(const double a)
{
    cout << fixed << setprecision(15) << a << endl;
}
```

　　__declspec(dllexport) や __stdcall を毎回記述するのは面倒なので、以降に示すように定義します。

```
#define DLLAPI __declspec(dllexport) __stdcall
```

　　これを使用して、以降は関数の宣言を記述します。

　　DLL を呼び出す（マネージドの）C# ソースリストを次に示します。

リスト 5.6 ● floats - Program.cs

```csharp
using System;
using System.Runtime.InteropServices;

namespace ConsoleApp1
{
    class Program
    {
        [DllImport("Dll1.dll")]
        private static extern void dllfloat(float a);
        [DllImport("Dll1.dll")]
        private static extern void dlldouble(double a);

        static void Main(string[] args)
        {
            float a = 3.14159265358979323846f; //float
            dllfloat(a);

            Single b = 3.14159265358979323846f;
            dllfloat(b);

            double c = 3.14159265358979323846d; //double
            dlldouble(c);

            Console.ReadKey();
        }
    }
}
```

 C# の float（Single）型は、32 ビットの浮動小数点数です。代入演算子の右側にある実
数値リテラルは double 値として扱われます。このため、float 型として扱いたい場合は、サ
フィックスに f または F を指定しなければなりません。C# の float（Single）型は DLL の
float 型に対応します。

 C# の double 型は、64 ビットの浮動小数点数です。C# では、代入演算子の右側にある実数
値リテラルは double 値として扱われます。明示的に数値を double 型として扱いたい場合は、
サフィックスに d または D を指定します。C# の double 型は DLL の double 型に対応します。

 実行結果を次に示します。

```
3.141592741012573
3.141592741012573
3.141592653589793
```

 ソースコードでは同じ値を代入していますが、double が float より精度が高いため、より
正確な値を保持できます。

6

配列の受け渡し

　配列をマネージドコードとアンマネージドコード間で受け渡したいことも少なくありません。本章では配列の受け渡し方法を紹介します。

6.1 配列の受け渡し

　配列を使えば、バッファを受け渡すこともできます。ここでは byte 配列と float 配列をマネージドとアンマネージドで受け渡す例を紹介します。

　まず、呼び出され側（アンマネージド）の C++ ソースリストを次に示します。

リスト 6.1 ● arrays - Source.cpp（DLL）

```
#include <iostream>

#define DLLAPI __declspec(dllexport) __stdcall

using namespace std;

extern "C"
{
```

```
    void DLLAPI dllByteArray(unsigned char a[], int size);
    void DLLAPI dllFloatArray(float a[], int size);
}

// get/ret unsigned char[]
void DLLAPI dllByteArray(unsigned char a[], int size)
{
    for (int i = 0; i < size; i++)
        cout << "a[" << i << "] = " << (int)a[i] << endl;

    for (int i = 0; i < size; i++)
        a[i] += (unsigned char)1;
}

// get/ret float[]
void DLLAPI dllFloatArray(float a[], int size)
{
    for (int i = 0; i < size; i++)
        cout << "a[" << i << "] = " << a[i] << endl;


    for (int i = 0; i < size; i++)
        a[i] += 1.11f;
}
```

　C# の byte 配列を unsigned char[] で受け取ります。このような方法を採用すると、バッファなどを受け渡すことが可能です。この例では、バッファオーバーランなどが起きないように、バッファサイズも渡します。また、C# の float 配列を float[] で受け取り、内容を変更して C# へ返す例も示します。

　次に、DLL を呼び出す側（マネージド）の C# ソースリストを次に示します。

リスト 6.2 ● arrays - Program.cs

```
using System;
using System.Runtime.InteropServices;

namespace ConsoleApp1
{
    class Program
```

```
    {
        [DllImport("Dll1.dll")]
        static extern void dllByteArray(byte[] buffer, int size);

        [DllImport("Dll1.dll")]
        static extern void dllFloatArray(float[] buffer, int size);

        static void Main(string[] args)
        {
            // byte[]/ unsigned char[]
            byte[] byteArray = new byte[10];
            for (int i = 0; i < byteArray.Length; i++)
                byteArray[i] = (byte)i;

            Console.WriteLine("=< byte[]/ unsigned char[]>=");
            dllByteArray(byteArray, byteArray.Length);

            Console.WriteLine("------------");

            for (int i = 0; i < byteArray.Length; i++)
                Console.WriteLine("byteArray[{0}] = {1}", i, byteArray[i]);


            // float[]
            float[] floatArray = new float[10];
            for (int i = 0; i < floatArray.Length; i++)
                floatArray[i] = (float)i + 0.12f;

            Console.WriteLine("");
            Console.WriteLine("=< float[] >=");
            dllFloatArray(floatArray, floatArray.Length);

            Console.WriteLine("------------");

            for (int i = 0; i < floatArray.Length; i++)
                Console.WriteLine("dllFloatArray[{0}] = {1,2:F2}", i, floatArray[i]);
        }
    }
}
```

実行結果を次に示します。

```
=< byte[]/ unsigned char[]>=
a[0] = 0
a[1] = 1
a[2] = 2
a[3] = 3
a[4] = 4
a[5] = 5
a[6] = 6
a[7] = 7
a[8] = 8
a[9] = 9
------------
byteArray[0] = 1
byteArray[1] = 2
byteArray[2] = 3
byteArray[3] = 4
byteArray[4] = 5
byteArray[5] = 6
byteArray[6] = 7
byteArray[7] = 8
byteArray[8] = 9
byteArray[9] = 10

=< float[] >=
a[0] = 0.12
a[1] = 1.12
a[2] = 2.12
a[3] = 3.12
a[4] = 4.12
a[5] = 5.12
a[6] = 6.12
a[7] = 7.12
a[8] = 8.12
a[9] = 9.12
------------
dllFloatArray[0] = 1.23
dllFloatArray[1] = 2.23
```

```
dllFloatArray[2] = 3.23
dllFloatArray[3] = 4.23
dllFloatArray[4] = 5.23
dllFloatArray[5] = 6.23
dllFloatArray[6] = 7.23
dllFloatArray[7] = 8.23
dllFloatArray[8] = 9.23
dllFloatArray[9] = 10.23
```

　配列をマネージド側からアンマネージド側へ渡し、その値をアンマネージド側で参照および更新し、再びマネージド側へ返します。

6.2　バッファ受け渡しの実例

　byte 配列を利用して、画像の受け渡しを行う例を示します。C# から byte 配列を DLL へ渡し、DLL は byte 配列を Bitmap で保存したときに赤色になるような処理を行います。以降に、呼び出され側（アンマネージド）の C++ ソースリストを次に示します。

リスト 6.3 ● arraysBmp - Source.cpp（DLL）

```cpp
#define DLLAPI __declspec(dllexport) __stdcall

using namespace std;

extern "C"
{
    void DLLAPI dllByteArray(unsigned char a[], const int width, const int height);
}

// get/ret unsigned char[]
void DLLAPI dllByteArray(unsigned char a[], const int width, const int height)
{
    for (int y = 0; y < height; y++)
    {
```

```
        for (int x = 0; x < width; x++)
        {
            a[(y * width + x) * 3 + 0] = 0;      // B
            a[(y * width + x) * 3 + 1] = 0;      // G
            a[(y * width + x) * 3 + 2] = 255;    // R
        }
    }
}
```

DLL を呼び出す側（マネージド）の C# ソースリストを次に示します。

リスト 6.4 ● arraysBmp - Program.cs

```
using System;
using System.Runtime.InteropServices;

using System.Drawing;                    //参照にも加えること
using System.Drawing.Imaging;

namespace ConsoleApp1
{
    class Program
    {
        [DllImport("Dll1.dll")]
        static extern void dllByteArray(byte[] buffer, int width, int height);


        static void Main(string[] args)
        {
            const int width = 256;
            const int height = 256;
            Byte[] imageData = new byte[width * height * 3];

            dllByteArray(imageData, width, height);


            //Byte[]からBitmapオブジェクトへ変換-----ここから-------
            Bitmap bmp = new Bitmap(width, height,
                                    PixelFormat.Format24bppRgb);
```

```
//メモリにロック
Rectangle rect = new Rectangle(0, 0, bmp.Width, bmp.Height);
BitmapData bmpData = bmp.LockBits(rect,
        ImageLockMode.ReadWrite, PixelFormat.Format24bppRgb);

//ByteをBitmapへコピー
IntPtr ptr = bmpData.Scan0;
Marshal.Copy(imageData, 0, ptr, imageData.Length);

//ロック解除
bmp.UnlockBits(bmpData);
//Byte[]からBitmapオブジェクトへ変換-----ここまで------


imageData = null;                        // 解放

//Bitmapオブジェクトへファイルへ書き込む
bmp.Save("bmp.bmp", ImageFormat.Bmp);
    }
  }
}
```

Bitmap クラスなどを参照できないため、System.Drawing を参照に追加します。参照を追加するには、「参照」の上でマウスの右ボタンをクリックし、［参照の追加］を選択します。「参照マネージャー」が現れますので System.Drawing へチェックを入れます。

図6.1●System.Drawingを参照に追加

実行すると EXE の存在するフォルダーに bmp.bmp ファイルが生成されます。生成されたファイルを表示すると、256 × 256 ピクセルで赤い色の画像です。

図6.2●実行結果

呼び出される側（アンマネージド）のプログラムが味気ないので、少し複雑な画像を返す例も示します。以降に、C++ ソースリストを次に示します。

リスト 6.5 ● arraysBmp2 - Source.cpp（DLL）

```cpp
#include <cmath>

#define DLLAPI __declspec(dllexport) __stdcall

using namespace std;

extern "C"
{
    void DLLAPI dllByteArray(unsigned char a[], const int width, const int height);
}

// get/ret unsigned char[]
void DLLAPI dllByteArray(unsigned char a[], const int width, const int height)
{
    const double PI = 3.14159265358979323846;
    int centerX = width / 2;
    int centerY = height / 2;
    double radius = sqrt(pow(centerX, 2) + pow(centerY, 2));

    for (int y = 0; y < height; y++)
    {
        for (int x = 0; x < width; x++)
        {
            // distance from center
            double distance = sqrt(pow(centerX - x, 2) + pow(centerY - y, 2));
            // radius=π, current radian
            double radian = (distance / radius) * (double)PI * 4;
            // cosθ, normalize -1.0～1.0 to 0～1.0
            double Y = (cos(radian) + 1.0) / 2.0;
            // normalize (Y) 0～1.0 to 0.0～255.0
            a[(y * width + x) * 3 + 0] =
                a[(y * width + x) * 3 + 1] =
                a[(y * width + x) * 3 + 2] = (unsigned char)(Y * 255);
        }
    }
}
```

　画像の中心部からの距離を Cos の θ に与えて、輝度を変化させます。π に 4 を乗算していますので、中心から対角線に 0 ～ 4 π 分の輝度変化を表示します。実行すると、先ほど同様に EXE の存在するフォルダーに bmp.bmp ファイルが生成されます。

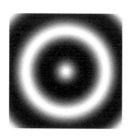

図6.3●実行結果

　この例では RGB それぞれに同じ値を設定しています。グレイスケール画像を扱う場合は 24 ビット（3 バイト）で 1 ピクセルを表すより、8 ビット（1 バイト）で 1 ピクセルを表現する方が、簡単でメモリーの節約もできます。ここでは、簡単に先のプログラムを 8 ビット（1 バイト）へ対応させる方法を解説します。まず、呼び出し側の変更部分を示します。

```
          ⋮
const int width = 256;
const int height = 256;
Byte[] imageData = new byte[width * height];

dllByteArray(imageData, width, height);

//Byte[]からBitmapオブジェクトへ変換-----ここから-------
Bitmap bmp = new Bitmap(width, height,
                        PixelFormat.Format8bppIndexed);
// パレットの設定
ColorPalette pal = bmp.Palette;
for (int i = 0; i < 256; i++)
    pal.Entries[i] = Color.FromArgb(i, i, i);
bmp.Palette = pal;

//メモリにロック
Rectangle rect = new Rectangle(0, 0, bmp.Width, bmp.Height);
BitmapData bmpData = bmp.LockBits(rect,
```

```
            ImageLockMode.ReadWrite, PixelFormat.Format8bppIndexed);

        //ByteをBitmapへコピー
        ⋮
```

1 ピクセルを 1 バイトで表しますので、配列のサイズは横幅と縦を乗算した値のサイズを割り付けます。また、Bitmap オブジェクトを PixelFormat.Format8bppIndexed で作成するため、カラーパレットの設定が必要になります。

次に、呼び出される DLL 関数の変更点を示します。

```
    ⋮
    for (int y = 0; y < height; y++)
    {
        for (int x = 0; x < width; x++)
        {
            // distance from center
            double distance = sqrt(pow(centerX - x, 2) + pow(centerY - y, 2));
            // radius=π, current radian
            double radian = (distance / radius) * (double)PI * 4;
            // cosθ, normalize -1.0～1.0 to 0～1.0
            double Y = (cos(radian) + 1.0) / 2.0;
            // normalize (Y) 0～1.0 to 0.0～255.0
            a[y * width + x] = (unsigned char)(Y * 255);
        }
    }
}
```

先のプログラムは 1 ピクセルを RGB で、それぞれ 1 バイトを保持しています。このため、同じ値を 3 バイトへ格納しました。このプログラムは、グレイスケールで表現するため、1 ピクセルを 1 バイトで表現できます。このため、1 バイトに値を設定するのみです。

6.3 参照渡しと配列のリサイズ

　int 配列を DLL へ渡し、要素数を変更して返す例を紹介します。このような方法を用いれば、可変長の配列を受け取るようなプログラムへ応用できます。これまでは配列を値渡ししていましたが、ここでは参照渡しを用います。

　以降に、呼び出され側（アンマネージド）の C++ ソースリストを次に示します。

リスト 6.6 ● varLenArrays - Source.cpp （DLL）

```cpp
#include <iostream>
#include <objbase.h>


#define DLLAPI __declspec(dllexport) __stdcall

using namespace std;

extern "C"
{
    int DLLAPI arrayByRef(int** ppArray, int* pSize);
}

int DLLAPI arrayByRef(int** ppArray, int* pSize)
{
    const int newUnits = 15;
    int* newArray = (int*)CoTaskMemAlloc(sizeof(int) * newUnits);

    for (int j = 0; j < newUnits; j++)
    {
        if (j < *pSize)
            newArray[j] = (*ppArray)[j];
        else
            newArray[j] = -1;
    }
    CoTaskMemFree(*ppArray);
```

```
    *ppArray = newArray;
    *pSize = sizeof(int) * newUnits;

    return newUnits;
}
```

　本関数は渡された配列のサイズを変更し、呼び出し元へ返します。引数 ppArray は、int 配列の参照です。pSize には、int 配列の配列長が格納されています。newUnits に新しい配列長を設定します。次に、リサイズした配列を格納するメモリーを CoTaskMemAlloc で割り当てます。この割り付けたメモリーは、マネージド側で Marshal.FreeCoTaskMem を使用し解放します。

　for ループを使用し、割り当てたメモリーに入力の配列をコピーします。より効率的にコピーする方法がありますが、ここでは分かりやすいように要素ずつコピーします。なお、全部コピーが終わった後は、残った要素を −1 で埋めます。

　全要素の設定が終わったら、ppArrayInt の指すメモリーを CoTaskMemFree で解放します。このことは、マネージド側でメモリーが Marshal.AllocCoTaskMem で確保されていることを期待します。

　最後に、ppArray へ新しい配列のアドレス、pSize に割り付けたメモリーのバイト数を設定し、呼び出し元へは新しい要素数を返します。

　DLL を呼び出す側（マネージド）の C# ソースリストを次に示します。

リスト 6.7 ● varLenArrays - Program.cs

```
using System;
using System.Runtime.InteropServices;

namespace ConsoleApp1
{
    class Program
    {
        [DllImport("Dll1.dll")]
        static extern int arrayByRef(ref IntPtr array, ref int size);
```

```csharp
// array ByRef
static void Main(string[] args)
{
    int orgUnits = 10;
    int[] orgArray = new int[orgUnits];
    int size = orgArray.Length;
    Console.WriteLine("units before call:" + orgUnits);
    Console.Write("passed value before call:");
    for (int i = 0; i < orgArray.Length; i++)
    {
        orgArray[i] = i;
        Console.Write(" " + orgArray[i]);
    }
    Console.WriteLine("¥n");


    IntPtr buffer = Marshal.AllocCoTaskMem(Marshal.SizeOf(orgArray[0])
                                              └ * orgArray.Length);
    Marshal.Copy(orgArray, 0, buffer, orgArray.Length);

    int newUnits = arrayByRef(ref buffer, ref size);
    Console.WriteLine("units after call:" + newUnits);
    if (size > 0)
    {
        int[] newArray = new int[newUnits];
        Marshal.Copy(buffer, newArray, 0, newUnits);
        Marshal.FreeCoTaskMem(buffer);
        Console.Write("return value after  call:");
        foreach (int i in newArray)
        {
            Console.Write(" " + i);
        }
        Console.WriteLine("");
    }
    else
    {
        Console.WriteLine("¥nArray after call is empty");
    }
```

```
        }
    }
}
```

　まず、初期の配列 orgArray を new で割り付けます。要素数は 10 で、インデックスと同じ値を各要素に設定します。次に、DLL へ配列を渡すため Marshal.AllocCoTaskMem でメモリーを割り付け、Marshal.Copy で orgArray の値を、Marshal.AllocCoTaskMem で割り付けた buffer へコピーします。これを引数に DLL 関数 arrayByRef を呼び出します。DLL 関数 arrayByRef は、配列をリサイズし、呼び出し元へ返します。ただ、マーシャリング時に int 配列の要素数を知ることはできません。このため、新しい配列 newArray へのコピーは、Marshal.Copy を使用し、自分自身で行う必要があります。コピーが完了したら、DLL で割り付けた配列を Marshal.FreeCoTaskMem で解放します。

　本プログラムの実行例を示します。

```
units before call:10
passed value before call: 0 1 2 3 4 5 6 7 8 9

units after call:15
return value after  call: 0 1 2 3 4 5 6 7 8 9 -1 -1 -1 -1 -1
```

　DLL 呼び出し前の配列は、要素数が 10 で、0 ～ 9 までの値が格納されています。呼び出し後の配列は、要素数が 15 で、オリジナルの値がコピーされ、残った要素には −1 が格納されています。

　DLL がオリジナルの配列より小さな要素にリサイズする例も示します。

```
units before call:10
passed value before call: 0 1 2 3 4 5 6 7 8 9

units after call:5
return value after  call: 0 1 2 3 4
```

　この例は、要素数が 10 で、0 ～ 9 までの値が格納されていたものを、要素数が 5 へリサイ

ズする例です。

　なお、このプログラムを応用した例を第 15 章「応用」で紹介します。

7

構造体の受け渡し

単純な数値や文字列ではなく、構造体をマネージドコードとアンマネージドコード間で受け渡したいことも少なくありません。本章では構造体の受け渡しについて解説します。

7.1 構造体の受け渡し

C# の構造体と DLL 側の構造体は同じメモリー配置でなければなりません。ところが、.NET では性能などが向上するように CLR が各メンバーを適当に配置します。これでは C# と DLL 間で構造体をうまく受け渡すことができなくなります。C# で単純に構造体を宣言しても、各メンバーの配置をプログラマが意識したように配置することは不可能です。

このような場合、C# の StructLayout 属性に LayoutKind.Sequential を指定します。LayoutKind.Sequential は構造体のメンバーが、宣言された順に配置されるよう C# に指示します。

まず、構造体を引数に DLL を呼び出す側（マネージド）の C# ソースリストを示します。

```csharp
using System;
using System.Runtime.InteropServices;

namespace ConsoleApp1
{
    class Program
    {

        // struct
        [StructLayout(LayoutKind.Sequential)]
        private struct structSample
        {
            public int width;
            public int height;
            public int pixels;

            public structSample(int init)
            {
                width = init;
                height = init;
                pixels = init;
            }
        }

        // Dll
        [DllImport("Dll1.dll")]
        static extern void dllStruct(ref structSample format);

        static void Main(string[] args)
        {
            structSample format = new structSample(5);

            dllStruct(ref format);

            Console.WriteLine("format.width  = {0}", format.width);
            Console.WriteLine("format.height = {0}", format.height);
            Console.WriteLine("format.pixels = {0}", format.pixels);
```

```
        }
    }
}
```

　構造体を DLL へ渡す場合、ref を付けて呼び出してください。これによって、情報を渡すことも受け取ることも可能になります。

　次に、DLL の C++ ソースリストを示します。DLL 側の引数は構造体のポインターとします。

リスト 7.2 ● structs - Source.cpp（DLL）

```cpp
#include <iostream>

#define DLLAPI __declspec(dllexport) __stdcall

using namespace std;

// struct
typedef struct _structSample
{
    int     width;
    int     height;
    int     pixels;
}
structSample;

typedef structSample* pStructSample;

extern "C"
{
    void DLLAPI dllStruct(pStructSample format);
}

// get/ret struct
void DLLAPI dllStruct(pStructSample format)
{
    cout << "format->width  = " << format->width << endl;
    cout << "format->height = " << format->height << endl;
```

```
    cout << "format->pixels = " << format->pixels << endl;

    format->width = 320;
    format->height = 240;
    format->pixels = 32;
}
```

　ごく普通に構造体のポインターを受け取ったようにコードを記述します。ポインターで受け取るので、構造体で値を貰うことも返すことも可能です。

　実行結果を次に示します。

```
format->width  = 5
format->height = 5
format->pixels = 5
format.width   = 320
format.height  = 240
format.pixels  = 32
```


7.2 構造体ポインターを含む構造体の受け渡し

　先の例は単純な構造体の受け渡しを行う例でした。ここでは、構造体へのポインターを含む構造体の受け渡す例を紹介します。まず、構造体を引数に DLL を呼び出す側（マネージド）の C# ソースリストを示します。

リスト 7.3 ● structs2 - Program.cs

```
using System;
using System.Runtime.InteropServices;

namespace ConsoleApp1
```

```
{
    class Program
    {

        // Structure
        [StructLayout(LayoutKind.Sequential)]
        public struct ImgSize
        {
            public int width;
            public int height;
        }

        // Structure with a pointer to another structure.
        [StructLayout(LayoutKind.Sequential)]
        public struct ImgAttr
        {
            public IntPtr imageSize;
            public int pixels;
        }

        // Dll
        [DllImport("Dll1.dll", CallingConvention = CallingConvention.StdCall)]
        public static extern void StructInStructPtr(ref ImgAttr ia);

        // Structure with a pointer to another structure.
        static void Main(string[] args)
        {
            ImgSize imageSize;
            imageSize.width = 600;
            imageSize.height = 400;

            ImgAttr imageAttribute;
            imageAttribute.pixels = 32;

            IntPtr buffer = Marshal.AllocCoTaskMem(Marshal.SizeOf(imageSize));
            Marshal.StructureToPtr(imageSize, buffer, false);

            imageAttribute.imageSize = buffer;
```

```
            Console.Write("Image Attribute before call: ");
            Console.WriteLine("width = {0}, height = {1}, pixels = {2}",
                imageSize.width, imageSize.height, imageAttribute.pixels);

            StructInStructPtr(ref imageAttribute);

            ImgSize res =
                (ImgSize)Marshal.PtrToStructure(imageAttribute.imageSize,
                                                  └ typeof(ImgSize));

            Marshal.FreeCoTaskMem(buffer);

            Console.Write("Image Attribute after  call: ");
            Console.WriteLine("width = {0}, height = {1}, pixels = {2}",
                res.width, res.height, imageAttribute.pixels);
        }
    }
}
```

　ImgSize 構造体には int メンバーだけが含まれます。ImgAttr 構造体には、ImgSize 構造体
への IntPtr が含まれています。.NET アプリケーションではポインターを使用しないため、
IntPtr 型は元のポインターをアンマネージド構造体に置き換えます。

　StructInStructPtr メソッドは型 ImgAttr オブジェクトへの参照をアンマネージドコードに
渡します。ImgAttr が指定する構造体を操作するために、imageSize 構造体分のバッファを作
成し、Marshal.AllocCoTaskMem と Marshal.SizeOf のメソッドを結合することでそのアドレス
を返します。次に、マネージド構造体の内容をアンマネージドバッファにコピーします。最後
に、Marshal.PtrToStructure メソッドを使用してアンマネージドバッファからマネージドオ
ブジェクトにデータをマーシャリングし、Marshal.FreeCoTaskMem メソッドを使用してメモリー
のアンマネージドブロックを解放します。

　次に、DLL の C++ ソースリストを示します。DLL 側の引数は構造体のポインターとします。

リスト 7.4 ● structs2 - Source.cpp（DLL）

```cpp
#define DLLAPI __declspec(dllexport) __stdcall

using namespace std;

// Structure
typedef struct
{
    int width;
    int height;
} IMGSIZE, *PIMGSIZE;

// Structure with a pointer to another structure.
typedef struct
{
    PIMGSIZE imageSize;
    int pixels;
} IMAGEATTR, *PIMAGEATTR;

extern "C"
{
    void DLLAPI StructInStructPtr(PIMAGEATTR pImageAttribute);
}

// Structure with a pointer to another structure.
void DLLAPI StructInStructPtr(PIMAGEATTR pImageAttribute)
{
    pImageAttribute->imageSize->width += 30;
    pImageAttribute->imageSize->height += 50;
    pImageAttribute->pixels -= 8;
}
```

　DLL 関数 StructInStructPtr は、IMAGEATTR 構造体へのポインターを受け取ります。IMAGEATTR 構造体は、IMGSIZE 構造体へのポインターを含んでいます。関数 StructInStructPtr は、IMAGEATTR 構造体や IMGSIZE 構造体の要素にソースコードで示すように、ごく普通にアクセスします。

以降に、実行結果を次に示します。

```
Image Attribute before call: width = 600, height = 400, pixels = 32
Image Attribute after call:  width = 630, height = 450, pixels = 24
```

7.3 構造体を含む構造体の受け渡し

　先の例は、構造体に構造体へのポインターを含むものを受け渡す例でした。ここでは、構造体に構造体を含むものを受け渡す例を紹介します。まず、構造体を引数に DLL を呼び出す側（マネージド）の C# ソースリストを示します。

リスト 7.5 ● structs3 - Program.cs

```
using System;
using System.Runtime.InteropServices;

namespace ConsoleApp1
{
    class Program
    {

        // Structure
        [StructLayout(LayoutKind.Sequential)]
        public struct ImgSize
        {
            public int width;
            public int height;
        }

        // Structure with an embedded structure.
        [StructLayout(LayoutKind.Sequential)]
        public struct ImgAttr
        {
```

```
            public ImgSize imageSize;
            public int pixels;
        }


        // Dll
        [DllImport("Dll1.dll", CallingConvention = CallingConvention.StdCall)]
        public static extern void StructInStruct(ImgAttr ia);

        // Structure with an embedded structure.
        static void Main(string[] args)
        {
            ImgAttr imageAttribute;
            imageAttribute.imageSize.width = 60;
            imageAttribute.imageSize.height = 40;
            imageAttribute.pixels = 32;

            StructInStruct(imageAttribute);
        }
    }
}
```

　ImgAttr 構造体には、ImgSize 構造体が埋め込み構造体として含まれます。ImgSize 構造体には int メンバーだけが含まれます。別の構造体に埋め込まれた構造体は、埋め込み構造体の要素をメインの構造体に直接配置することでフラット化することもできます。あるいは、この例のように、埋め込み構造体のままでも構いません。基本的には、通常の構造体と同様に扱うことができます。

　次に、DLL の C++ ソースリストを示します。DLL 側の引数は構造体のポインターとします。

リスト 7.6 ● structs3 - Source.cpp （DLL）

```
  ⋮
// Structure
typedef struct
{
    int width;
    int height;
} IMGSIZE;
```

```cpp
// Structure with an embedded structure.
typedef struct
{
    IMGSIZE imageSize;
    int pixels;
} IMAGEATTR;

extern "C"
{
    void DLLAPI StructInStruct(IMAGEATTR ImageAttribute);
}

// Structure with an embedded structure.
void DLLAPI StructInStruct(IMAGEATTR ImageAttribute)
{
    cout << "Structure passed by value: "
        << "width = " << ImageAttribute.imageSize.width
        << ", height = " << ImageAttribute.imageSize.height
        << ", pixels = " << ImageAttribute.pixels << endl;
}
```

　DLL 関数 StructInStruct は、IMAGEATTR 構造体へのポインターを受け取ります。IMAGEATTR 構造体は、IMGSIZE 構造体を埋め込み構造体として含んでいます。関数 StructInStruct は、IMAGEATTR 構造体や IMGSIZE 構造体の要素にソースコードで示すように、ごく普通にアクセスします。

　以降に、実行結果を次に示します。

```
Structure passed by value: width = 60, height = 40, pixels = 32
```

7.4 配列を含む構造体の受け渡し

　配列を含む構造体を受け渡す例を紹介します。まず、構造体を引数に DLL を呼び出す側（マネージド）の C# ソースリストを示します。

リスト 7.7 ● structs4 - Program.cs

```csharp
using System;
using System.Runtime.InteropServices;

namespace ConsoleApp1
{
    class Program
    {

        // Structure with an embedded array.
        [StructLayout(LayoutKind.Sequential)]
        public struct ImgAttr
        {
            [MarshalAs(UnmanagedType.ByValArray, SizeConst = 2)]
            public int[] imageSize;

            public int pixels;
        }

        // Dll
        [DllImport("Dll1.dll", CallingConvention = CallingConvention.StdCall)]
        public static extern void ArrayInStruct(ref ImgAttr ia);

        static void Main(string[] args)
        {
            // Structure with an embedded array.
            ImgAttr ia = new ImgAttr();
            ia.imageSize = new int[2];
            ia.imageSize[0] = 300;
            ia.imageSize[1] = 200;
            ia.pixels = 16;
```

```csharp
        Console.Write("Image Attribute before call: ");
        Console.WriteLine("width = {0}, height = {1}, pixels = {2}",
            ia.imageSize[0], ia.imageSize[1], ia.pixels);

        ArrayInStruct(ref ia);

        Console.Write("Image Attribute after  call: ");
        Console.WriteLine("width = {0}, height = {1}, pixels = {2}",
            ia.imageSize[0], ia.imageSize[1], ia.pixels);
        }
    }
}
```

　ImgAttr 構造体には、int 型の配列が含まれます。MarshalAsAttribute 属性は UnmanagedType 列挙値を ByValArray に設定します。これは配列内の要素の数を示すために使用されます。int 型配列を割り付け、値を設定します。そして ref を付けて DLL 関数 ArrayInStruct を呼び出します。呼び出しの前後で構造体メンバーを表示し、プログラムが正常に動作することを確認します。

　次に、DLL の C++ ソースリストを示します。DLL 側の引数は構造体のポインターとします。

リスト 7.8 ● structs4 - Source.cpp（DLL）

```cpp
#include <iostream>

#define DLLAPI __declspec(dllexport) __stdcall

using namespace std;

// struct
typedef struct
{
    int imageSize[2];
    int pixels;
} IMAGEATTR, * PIMAGEATTR;

extern "C"
{
```

```
    void DLLAPI ArrayInStruct(PIMAGEATTR pStruct);
}

// Structure with an embedded array.
void DLLAPI ArrayInStruct(PIMAGEATTR pImageAttribute)
{
    pImageAttribute->imageSize[0] = 600; // width
    pImageAttribute->imageSize[1] = 400; // height
    pImageAttribute->pixels = 32;
}
```

　DLL 関数 ArrayInStruct は、IMAGEATTR 構造体へのポインターを受け取ります。IMAGEATTR 構造体は、int 型配列を含みます。構造体のメンバーをアクセスし、値を設定します。

　以降に、実行結果を次に示します。

```
before call: width = 300, height = 200, pixels = 16
after call:  width = 600, height = 400, pixels = 32
```

8

文字列の受け渡し

マネージドとアンマネージド間で文字列を受け渡す方法について解説します。

8.1 文字列の受け渡し

　文字列といっても、C/C++ 言語には文字列型が存在しませんので、C/C++ 言語では文字型の配列で処理します。マネージドの String 型に対応する C/C++ 言語のデータ型は文字配列です。C# は文字コードに Unicode を使用します。DLL では ANSI コードや Unicode などどのような文字コードが採用されるか分かりません。このため、C# 側で明示的に文字セットを指定する場合もあります。DLL の C++ ソースリストを次に示します。

リスト 8.1 ● strings - Source.cpp （DLL）

```
#include <iostream>

#define _CRT_SECURE_NO_WARNINGS
#define DLLAPI __declspec(dllexport) __stdcall

using namespace std;
```

```
extern "C"
{
    void DLLAPI dllString(const char* a);
    void DLLAPI dllRetString(char* b);
}

// const char*
void DLLAPI dllString(const char* a)
{
    printf("受け取った文字列=[%s]¥n", a);
}

#pragma warning(disable : 4996)
// return string
void DLLAPI dllRetString(char* b)
{
    strcpy(b, "DLLからC#へ文字列を返す.");
}
```

　単に文字列を受け取る場合は const char* で受け取ります。DLL からマネージド側へ文字列を返す必要がある場合は char* で受け取ります。dllString 関数は、C# から文字列情報を受け取るだけです。この関数は受け取った文字列を標準出力に表示します。dllRetString 関数は、アンマネージド側からマネージド側へ文字列を渡す関数です。もちろん、C# から文字列情報を受け取ることも可能です。C# の StringBuilder 型へアンマネージドの DLL から、文字列が正常に返されます。DLL 側は strcpy 関数で文字列を書き込みますが、文字列長に気をつけオーバーフローを起こさないようにしてください。

　DLL を呼び出す側（マネージド）の C# ソースリストを次に示します。

リスト 8.2 ● strings - Program.cs

```
using System;
using System.Runtime.InteropServices;
using System.Text;                         //追加

namespace ConsoleApp1
{
```

```
    class Program
    {
        [DllImport("Dll1.dll", CharSet = CharSet.Ansi)]
        static extern void dllString(String a);

        [DllImport("Dll1.dll", CharSet = CharSet.Ansi)]
        static extern void dllRetString(StringBuilder b);

        static void Main(string[] args)
        {
            String a = "C#へ文字列を渡す例です.";
            dllString(a);

            StringBuilder b = new StringBuilder(255);
            dllRetString(b);
            Console.WriteLine(b);
        }
    }
}
```

　文字列をマネージドからアンマネージドへ渡す場合は String 型を、アンマネージドからマネージドへ文字列を返す必要がある場合は StringBuilder 型を指定します。

　環境やアプリケーションによってさまざまな文字コードが使用されます。本例は ANSI を使用するので、DllImport に文字エンコード情報を明示的に CharSet.Ansi と指定します。もし、異なるエンコードを使用する場合、双方で使用する文字コードに合わせるとともに、C# 側で文字セットを明示してください。

　実行結果を次に示します。

```
受け取った文字列=[C#へ文字列を渡す例です.]
DLLからC#へ文字列を返す.
```

9

アンマネージドからマネージド

これまでマネージドからアンマネージドを利用する方法について解説しました。本章ではアンマネージドからマネージドの変数をアクセスする方法、そしてアンマネージドからマネージドのメソッドをアクセスする方法を紹介します。ただ、例として示すだけであって、例外的な場合でない限り、このような使用法は避けるべきでしょう。緊急避難的な場合に限る使用法です。

9.1 アンマネージドからマネージドの変数をアクセス

これまではマネージドからアンマネージドへ情報を渡す方法が中心でした。本節ではアンマネージドからマネージドのデータをアクセスする例を解説します。C や C++ からは ref や out を付けた引数は、アドレス（ポインター）渡しと等価です。本節ではいくつかのデータ型を選んで解説します。解説しない型についても同様の方法で、アンマネージドからマネージドのオブジェクトを操作できます。

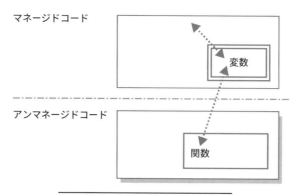

図9.1●プログラムの動作の概念図

■9.1.1 byte型とint型

マネージドからアンマネージドのbyte型とint型で情報を渡し、アンマネージドからマネージド側のデータをアクセスする方法を考えてみましょう。アンマネージドの unsigned char* 型に対応する C# の型は ref を付けた byte です。C# の byte 型は、0 〜 255 を格納できる符号なし 8 ビット整数型です。変数をアクセスするため ref を付けて DLL を呼び出す必要があります。アンマネージドの int* 型に対応する C# の型は ref を付けた int です。C# の int 型は符号ありの 32 ビット整数型です。

DLL の C++ ソースリストを次に示します。

リスト 9.1 ● value - Source.cpp（DLL）

```cpp
#include <iostream>

#define DLLAPI __declspec(dllexport) __stdcall

using namespace std;

extern "C"
{
    void DLLAPI dllbyte(unsigned char* inByte);
    void DLLAPI dllInt(int* inInt);

}
```

```cpp
// unsigned char*
void DLLAPI dllbyte(unsigned char* inByte)
{
    cout << "inByte = " << (int)(*inByte) << endl;
    *inByte += 5;
}

// int*
void DLLAPI dllInt(int* inInt)
{
    cout << "inInt = " << *inInt << endl;
    *inInt += 24;
}
```

C# の ref 付きの byte 型を unsigned char* 型で、ref 付きの int 型を int* 型で受け取ります。
DLL を呼び出す側（マネージド）の C# ソースリストを次に示します。

リスト 9.2 ● value - Program.cs

```csharp
using System;
using System.Runtime.InteropServices;

namespace ConsoleApp1
{
    class Program
    {
        [DllImport("Dll1.dll")]
        static extern void dllbyte(ref byte byteData);

        [DllImport("Dll1.dll")]
        static extern void dllInt(ref int intData);

        static void Main(string[] args)
        {
            byte byteData = 65;
            Console.WriteLine("before dll call, data = {0}", byteData);
            dllbyte(ref byteData);
            Console.WriteLine("after  dll call, data = {0}", byteData);
```

```
            Console.WriteLine("----------------");

            int intData = 1000;
            Console.WriteLine("before dll call, data = {0}", intData);
            dllInt(ref intData);
            Console.WriteLine("after  dll call, data = {0}", intData);
        }
    }
}
```

実行結果を次に示します。

```
before dll call, data = 65
inByte = 65
after  dll call, data = 70
----------------
before dll call, data = 1000
inInt = 1000
after  dll call, data = 1024
```

9.2 アンマネージドからマネージドを利用

　ここでは、コールバック関数を利用してアンマネージドからマネージドを呼び出す方法を紹介します。

　ここで紹介する方法は、あくまでも技術的に可能であることを紹介するだけです。アンマネージドからマネージドを呼び出すのは、マネージドからアンマネージドを呼び出すことより危険です。.NET には多くの機能が用意されているので、いろいろな方法を検討した上で他に方法が見つからないときに、ここで紹介した方法を採用してください。

　本節では関数ポインターを使用した、いわゆるコールバック関数と呼ばれるものを利用します。コールバックとは名前が示すように、アプリケーションプログラムに含まれるメソッド（関数）が、DLL から呼び出され（コールバック）ます。つまり、アプリケーションの関数アドレス（メソッド位置）を DLL に渡す必要があります。このようなコールバックを使う Windows API も多数存在するので、API 呼び出しの参考にもなるでしょう。

　まず、マネージドコード側にコールバック関数を定義します。次に、この関数に対応するデリゲートを生成します。そのデリゲートを DLL 関数の引数として渡します。DLL 側では、普通の関数ポインターと変わりません。必要に応じてコールバック関数を呼び出します。動作の概念図を次に示します。

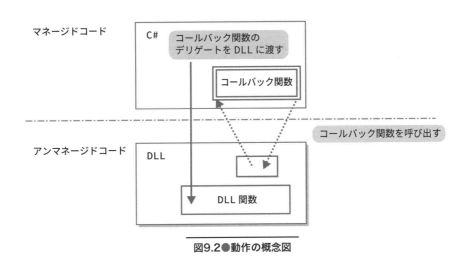

図9.2●動作の概念図

　C# では、リソースの解放はガーベジコレクタによって自動的に行われるため、コールバック関数を DLL が呼び出す期間はデリゲートが破棄されないようにしなければなりません。つまり、デリゲートを引数で渡した場合、そのデリゲートは DLL から呼び出される可能性がある限りオブジェクトとして存在している必要があります。コールバック関数が存在していてもデリゲートが破棄されていると例外が発生するため、デリゲートの寿命には気をつけてください。本節のプログラムでは、DLL からのコールバック呼び出しが DLL 呼び出しと同期しているため、デリゲートの寿命は当該メソッドの寿命と同じです。ところが、ほとんどのコールバック関数は非同期に呼び出されることが多いです。そのような場合、デリゲートはメソッド内で宣言せず、クラスのフィールドとして宣言した方がよいでしょう。C や C++ であれば、関数ポインターでコールバック関数を受け渡せるため、あまり気にする必要はありませんが、

C# からアンマネージドの DLL に関数ポインターを渡す場合、デリゲートを使用するのでその寿命にも注意が必要です。

　DLL にコールバック関数を渡し、DLL からコールバック関数を呼び出すサンプルプログラムを以降に示します。

■ 9.2.1　DLL の開発

　DLL に含まれる関数は、引数を関数のポインターとして解釈します。以降に示す dllCallBack 関数は、関数のポインターを引数として受け取ります。この関数ポインターを利用して関数を呼び出します。

リスト 9.3 ● cbDelegate - Source.cpp（DLL）

```cpp
#include <iostream>

#define DLLAPI __declspec(dllexport) __stdcall

extern "C"
{
    void DLLAPI cb(void (*callback)(void));
}

// DLL関数
void DLLAPI cb(void (*pcb)(void))
{
    pcb();
}
```

■ 9.2.2　呼び出し側の開発

　コールバック関数を DLL へ渡す C# のソースリストを示します。DLL から呼び出されたコールバック関数はメッセージを表示します。

リスト 9.4 ● cbDelegate - Program.cs

```csharp
using System;
using System.Runtime.InteropServices;

namespace ConsoleApp1
{
    class Program
    {
        // デリゲート
        public delegate void delegateCB();

        [DllImport("Dll1.dll")]
        static extern void cb(delegateCB a);

        static void Main(string[] args)
        {
            delegateCB myCB = new delegateCB(cscb);
            Console.WriteLine("call the DLL.");
            cb(myCB);
            Console.WriteLine("returned from the DLL.");
        }

        // DLLから呼び出されるコールバック
        public static void cscb()
        {
            Console.WriteLine("called from within the DLL.");
        }
    }
}
```

　実行結果を示します。DLL 呼び出しの前後のメッセージに挟まれて、DLL から呼び出された
コールバック関数のメッセージが表示されます。

```
call the DLL.
called from within the DLL.
returned from the DLL.
```

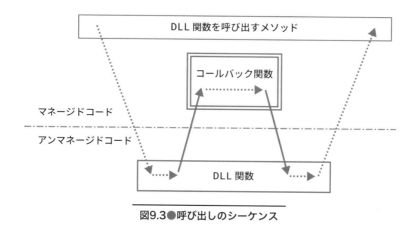

図9.3●呼び出しのシーケンス

　マネージド側とアンマネージド側（DLL 側）、そして OS のビット数に矛盾がないようにビルドしてください。詳細については解説済みです。これで、マネージドからアンマネージドを呼び出す説明を終わります。

9.3 定義済みデリゲートで書き直し

　デリゲートを使用するには、メソッドと同じシグネチャで毎回デリゲートを宣言しなければなりません。毎回デリゲートを宣言するのは面倒です。.NET は一般的に使用するデリゲートを最初から定義しています。これを、定義済みデリゲートと呼びます。先のプログラムを、定義済みデリゲートで書き直してみましょう。定義済みデリゲートを使用したプログラムを次に示します。このプログラムでは Action デリゲートを使用します。

```
    ：
[DllImport("Dll1.dll")]
static extern void cb(Action a);

static void Main(string[] args)
{
    Action myCB = new Action(cscb);
    Console.WriteLine("call the DLL.");
```

```
        cb(myCB);
        Console.WriteLine("returned from the DLL.");
    }

    // DLLから呼び出されるコールバック
    public static void cscb()
    {
        Console.WriteLine("called from within the DLL.");
    }
    ⋮
```

　このように定義済みデリゲートを使用すると、デリゲートの宣言が不要になりコードを簡略化できます。また、同じようなデリゲートをプログラマがあちこちで定義する必要がなくなるため、ソフトウェアのメンテナンス性も向上するでしょう。このプログラムは、先のプログラムと等価です。当然ですが、実行結果も同じです。先のプログラムはデリゲートを自身で定義していましたが、このプログラムは、.NET が定義している Action デリゲートを使用します。

　.NET があらかじめ定義している Action デリゲートの代表的なものを表に示します。Action デリゲートは値を返さないデリゲートです。

表9.1●定義済みのActionデリゲート

定義済デリゲート	説明
Action	引数も戻り値も持たないメソッドをカプセル化します。
Action<T>	単一の引数を受け取り、戻り値を持たないメソッドをカプセル化します。
Action<T1, T2>	2 つの引数を受け取り、戻り値を持たないメソッドをカプセル化します。
Action<T1, T2, T3>	3 つの引数を受け取り、戻り値を持たないメソッドをカプセル化します。
Action<T1, T2, T3, T4>	4 つの引数を受け取り、戻り値を持たないメソッドをカプセル化します。

　先のプログラムではデリゲートの定義も行いましたが、今度のプログラムでは**定義済みデリゲート**を使用します。このため、プログラムが単純化されます。

　Action デリゲートは値を返さないデリゲートです。値を返すデリゲートが必要になる場合も少なくありません。これらも .NET で定義されています。値を返す定義済みデリゲートは Func デリゲートです。以降に、表で Func デリゲートを示します。

表9.1●定義済みのFuncデリゲート

定義済デリゲート	説明
Func<TResult>	引数を受け取らずに、TResult 引数に指定された型の値を返すメソッドをカプセル化します。
Func<T, TResult>	1 つの引数を受け取って TResult 引数に指定された型の値を返すメソッドをカプセル化します。
Func<T1, T2, TResult>	2 つの引数を受け取って TResult 引数に指定された型の値を返すメソッドをカプセル化します。
Func<T1, T2, T3, TResult>	3 つの引数を受け取って TResult 引数に指定された型の値を返すメソッドをカプセル化します。
Func<T1, T2, T3, T4, TResult>	4 つの引数を受け取って TResult 引数に指定された型の値を返すメソッドをカプセル化します。

10

DLL のメソッド名など

DLL から関数をエクスポートする方法や、C# から DLL の関数を参照するとき、これまで説明してこなかった項目について解説します。

10.1 DLL のメソッド名を変更

これまでは、DLL でエクスポートした関数を、C# のプログラムでも関数名を変更せずインポートしました。たとえば DLL で下記に示すように定義されていたとします。

```
void  __declspec(dllexport) __stdcall dllint(const int a);
```

この DllImport 属性に EntryPoint の指定を追加すると、C# プログラムからの呼び出しに使用するメソッド名を変更することができます。例として、DLL の dllint 関数を myDllint というメソッド名で呼び出すプログラムを次に示します。

リスト 10.1 ● Integer - Program.cs

```
using System;
using System.Runtime.InteropServices;

namespace ConsoleApp1
{
    class Program
    {
        [DllImport("Dll1.dll", EntryPoint = "dllint")]l
        private static extern void myDllint(int a);

        static void Main(string[] args)
        {
            int a = -3;              //int
            myDllint(a);
        }
    }
}
```

　呼び出し側のプログラムで、DLL の関数をエクスポート名とは異なる名前のメソッドで使用する場合は、DllImport 属性の EntryPoint にエクスポート名を指定します。この指定を省略すると、呼び出し側で宣言したメソッドの名前をもとに、DLL 内の関数が呼び出されます。呼び出し側が使用するメソッド名と DLL のエクスポート名の関係を次図に示します。

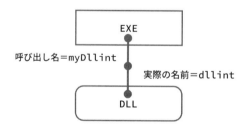

図10.1●呼び出し側が使用する関数名とDLLエクスポート名との関係

　実行結果を示します。

```
a = -3
```

10.2 .DEF ファイルを使ったエクスポート

　これまでは __declspec キーワードを使用して関数をエクスポートしていました。本節では
モジュール定義ファイル（.DEF ファイル）を使用し、関数をエクスポートする方法を解説し
ます。.DEF ファイルは、DLL のさまざまな属性を記述したテキストファイルです。DLL の関
数を __declspec キーワードを使用せずにエクスポートするにはこのファイルが必要です。本
節で紹介する .DEF ファイルには最低限以下の情報を記述します。

- ファイルの先頭に LIBRARY 文を記述する。
- EXPORTS 文に DLL のエクスポート関数名を指定する。

　LIBRARY 文の引数に、その .DEF ファイルが所属する DLL の名前を指定します。EXPORTS 文
には、オプションで序数値を指定することができます。序数値は、アットマーク（@）の後に
数字で指定します。序数を使用しない（値を制御しない）場合は省略できます。本節の例では
序数を使用しませんが、序数の割り当ては行います。

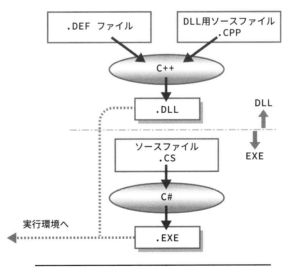

図10.2●.DEFファイルを使用したエクスポート

■ 10.2.1 呼び出し側の開発

まず、DLL 関数を呼び出す C# のソースリストを示します。

リスト 10.2 ● def - Program.cs

```
using System;
using System.Runtime.InteropServices;

namespace ConsoleApp1
{
    class Program
    {
        [DllImport("Dll1.dll")]
        private static extern void dllint(int a);

        static void Main(string[] args)
        {
            int a = -3;              //int
            dllint(a);
        }
    }
}
```

ごく普通のプログラムです。

■ 10.2.2 DLL の開発

前節と同じ動作をする DLL を開発します。エクスポートに関する情報は、プログラムの本体から分離して .DEF ファイルに記述します。プログラム本体を次に示します。

リスト 10.3 ● def - Source.cpp（DLL）

```
#include <iostream>

using namespace std;

// int
```

```
void  __stdcall dllint(const int a)
{
    cout << "a = " << (int)a << endl;
}
```

　関数の宣言には __stdcall を付けるくらいで、__declspec も extern "C" 構文も不要です。エクスポート名の制御は次に示す .DEF ファイルで行います。

リスト 10.4 ● def - Dll1.def

```
;
; Dll1.def
;
LIBRARY Dll1

EXPORTS
        dllint  @1
```

　.DEF ファイルで指定するモジュール定義文の大半は link コマンドのオプションでも指定できるので、標準的なプログラムでは .DEF ファイルは必要ありません。しかし、.DEF ファイルを使用するとエクスポート名の制御が容易になります。

 Note

EXPORTS 文

　この文では、1 つ以上の定義をエクスポートし、他のプログラムから利用できるようにします。EXPORTS キーワードは、エクスポートを指定する引数の先頭に置きます。エクスポート名は、それぞれ別の行に記述します。.DEF ファイルには複数の EXPORTS 文を記述できます。以下にエクスポート定義の構文を示します。

```
entryname[=internalname] [@ordinal[NONAME]] [DATA] [PRIVATE]
```

　定義をエクスポートする方法には、次の 3 通りの方法（推奨順）があります。

- ソースコードでキーワード __declspec(dllexport) を使用する。
- .DEF ファイル内で EXPORTS 文を使用する。
- link コマンドの /EXPORT オプションで指定する。

いずれの方法も、同じプログラムで使用できます。エクスポートを含むプログラムを link コマンドでビルドすると、インポートライブラリも同時に作成されます。

構文から分かるように、内部名と外部名をまったく異なる名前にすることもできます。たとえば、dllint 関数の名前を dllintAlias に変更するには、

```
dllintAlias = dllint @1
```

と指定します。

．．．

本例では、.DEF ファイルをプロジェクトに直接加えるのではなく、プロジェクトのプロパティで設定します。[プロジェクト] メニューから [プロパティ] を選びます。プロパティページが現れるので、[リンカー] → [入力] を選択し、「モジュール定義ファイル」欄にモジュールファイル名を指定します。

図10.3●モジュールファイル名の指定

　.DEF ファイルの指定には、プロパティの［リンカー］→［コマンドライン］で /DEF オプションを使用する方法もあります。

図10.4●コマンドラインで、モジュールファイル名指定

　では、この例では外部名がどのような名前でエクスポートされているか、dumpbin を使って調べてみます。

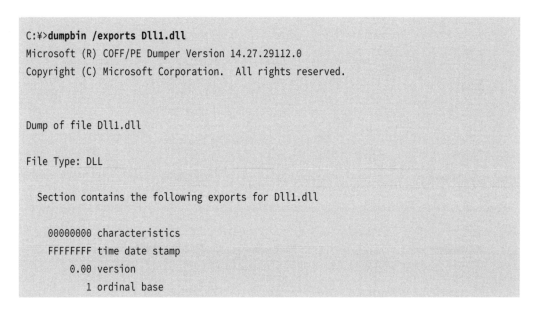

```
C:\>dumpbin /exports Dll1.dll
Microsoft (R) COFF/PE Dumper Version 14.27.29112.0
Copyright (C) Microsoft Corporation.  All rights reserved.


Dump of file Dll1.dll

File Type: DLL

  Section contains the following exports for Dll1.dll

    00000000 characteristics
    FFFFFFFF time date stamp
        0.00 version
           1 ordinal base
```

```
        1 number of functions
        1 number of names

  ordinal hint RVA        name

     1    0 0001101E dllint = @ILT+25(?dllint@@YAXH@Z)


  Summary


     1000 .00cfg
        ⋮
```

dllint という関数がエクスポートされていることが分かります。また、序数にも、指定ど
おりに1が割り当てられています。このプロジェクトから DEF ファイルを取り除くと、単に
dllintがエクスポートされていないDLLとなります。DEFファイルの指定を取り除きビルドし、
dumpbin でエクスポート関数を調べると、エクスポートされている関数はなくなります。

■10.2.3　.DEF ファイルを使う場合の利点と欠点

.DEF ファイルを使用して関数をエクスポートすると、エクスポート序数を制御できます。
エクスポート関数を、新規に DLL に追加する場合、その関数には高い（多い）序数値を割り
当てます。こうすると、暗黙的なリンクを使用するアプリケーションを、新しい関数を含む新
しいインポートライブラリとリンクしなおす必要がありません。多くのアプリケーションで使
用する DLL を設計する場合、既存のアプリケーションは、新しい DLL を引き続き適切に利用
しながら、機能を追加することによって DLL の機能を向上できます。つまり、互換性を保ち
ながら、新規の機能を提供できます。

.DEF ファイルを使用するもう1つの利点は、NONAME 属性を使用して関数をエクスポートで
きることです。NONAME 属性は、DLL のエクスポートテーブル内の序数のみを配置します。序
数だけを使用すれば、DLL ファイルのサイズが小さくなります。

ただ、C# から呼び出す場合、序数は使用しません。もし、C# のみで使用する DLL なら、.DEF
ファイルを使用する必要性は低いと思われるので、開発者の使用しやすい方を選択すればよい
でしょう。

11

GUI を持つ例

これまでのプログラムはコンソールアプリケーションです。本章では DLL を呼び出すプログラムを WPF や Windows フォームアプリケーションで開発し、GUI を持つ例を紹介します。呼び出し元が GUI を持とうが、コンソールアプリケーションであろうが、呼び出し法や DLL に変更はありません。

11.1 呼び出し側を WPF で開発

呼び出し側のプログラムを WPF で開発する例を紹介します。DLL は、第 1 章「はじめての連携」の 1.1 節「DLL の開発」で紹介したものをそのまま利用します。呼び出し側は C# の WPF で開発しますので、当然ですが GUI を持ちます。プログラム開発手順を以降に示します。

（1）Visual Studio を起動し、「新しいプロジェクトの作成」を選びます。あるいは、メニューから［ファイル］→［新規作成］→［プロジェクト］を選びます。

図11.1●「新しいプロジェクトの作成」

（2）「新しいプロジェクトの作成」ダイアログが現れますので、［WPF アプリ (.NET Framework)］を選び、［次へ］を選択します。

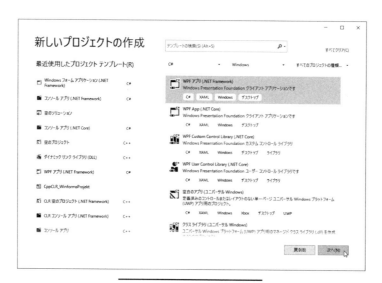

図11.2●WPFアプリを選ぶ

（3）プロジェクトの場所と名前などを入力します。

図11.3●プロジェクトの場所と名前などを入力

（4）すると、プロジェクトが作成され、フォームといくつかのファイルが自動的に生成されます。

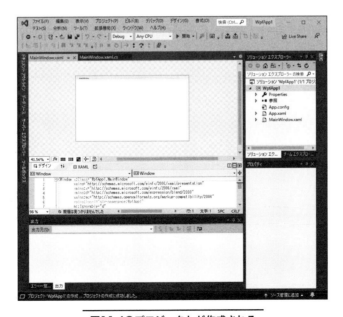

図11.4●プロジェクトが作成される

（5）このフォームに、ツールボックスから各種コントロールを追加してGUIを作り上げます。WPFですので、ツールボックスを使用せずXAMLを直接編集してコントロールを配置するのも良いでしょう。この例では、ツールボックスからコントロールを配置します。

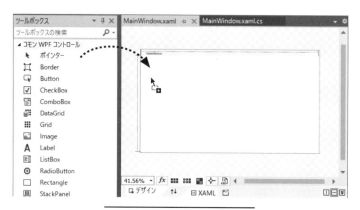

図11.5●コントロールを配置

（6）配置したButtonコントロールをダブルクリックします。

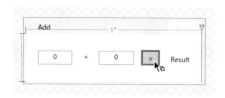

図11.6●Buttonコントロールをダブルクリック

（7）すると、Buttonコントロールをクリックしたときに実行されるメソッドが追加され、コードを記述する位置にカーソルが移動します。

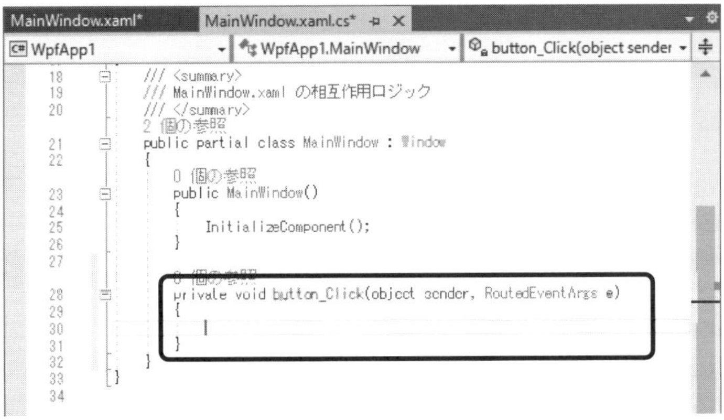

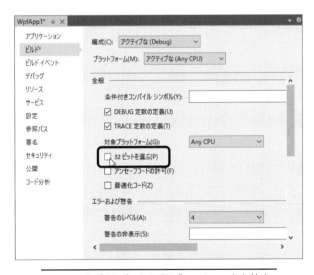

図11.7●カーソルが移動

（8）必要なコードを追加します。ここでは、DLL の呼び出しを追加します。

（9）1.1 節「DLL の開発」で紹介した DLL を EXE が存在するフォルダーにコピーします。

（10）このままでは EXE が 32 ビット対応でビルドされるのは、これまでに何回も説明しました。このためプロジェクトのプロパティを開き、［32 ビットを選ぶ］のチェックを外します。

図11.8●［32ビットを選ぶ］のチェックを外す

ビルドし、プログラムを実行した例を示します。

図11.9●実行例

以降に、.cs と .xaml を示します。

リスト 11.1 ● WpfApp1 - MainWindow.xaml.cs

```csharp
using System;
using System.Windows;

using System.Runtime.InteropServices;

namespace WpfApp1
{
    /// <summary>
    /// MainWindow.xaml の相互作用ロジック
    /// </summary>
    public partial class MainWindow : Window
    {

        [DllImport("Dll1", EntryPoint = "Add")]
        static extern int Add(int a, int b);


        public MainWindow()
        {
            InitializeComponent();
        }

        private void button_Click(object sender, RoutedEventArgs e)
        {
            int a = Convert.ToInt32(textBox.Text);
            int b = Convert.ToInt32(textBox1.Text);
            int result = Add(a, b);
```

```
                label1.Content = result.ToString();
        }
    }
}
```

リスト 11.2 ● WpfApp1 - MainWindow.xaml

```xml
<Window x:Class="WpfApp1.MainWindow"
        xmlns="http://schemas.microsoft.com/winfx/2006/xaml/presentation"
        xmlns:x="http://schemas.microsoft.com/winfx/2006/xaml"
        xmlns:d="http://schemas.microsoft.com/expression/blend/2008"
        xmlns:mc="http://schemas.openxmlformats.org/markup-compatibility/2006"
        xmlns:local="clr-namespace:WpfApp1"
        mc:Ignorable="d"
        Title="Add" Height="110" Width="311">
    <Grid Margin="0,0,2,0">
        <Grid.ColumnDefinitions>
            <ColumnDefinition/>
            <ColumnDefinition Width="0*"/>
        </Grid.ColumnDefinitions>
        <TextBox x:Name="textBox" HorizontalAlignment="Left" Height="23"
                Margin="21,28,0,0" TextWrapping="Wrap" Text="0" VerticalAlignment="Top"
                Width="60" TextAlignment="Center" TabIndex="1"/>
        <Label x:Name="label" Content="+" HorizontalAlignment="Left" Margin="95,24,0,0"
                VerticalAlignment="Top" Height="26" Width="17"/>
        <TextBox x:Name="textBox1" HorizontalAlignment="Left" Height="23"
                Margin="126,28,0,0" TextWrapping="Wrap" Text="0"
                                                        ∟ VerticalAlignment="Top"
                Width="60" TextAlignment="Center" TabIndex="2"/>
        <Button x:Name="button" Content="=" HorizontalAlignment="Left"
                Margin="200,28,0,0" VerticalAlignment="Top" Width="28" Height="22"
                TabIndex="0" Click="button_Click"/>
        <Label x:Name="label1" Content="Result" HorizontalAlignment="Left"
                Margin="243,28,0,0" VerticalAlignment="Top" Height="26" Width="48"/>

    </Grid>
</Window>
```

　デフォルトで生成されたウィンドウは大きすぎます。フォームは、ツールボックスやプロパティを使用して変更できますが、XAML ファイルを直接編集して GUI を変更するのも良いでしょう。

　古くから Visual Studio で Windows プログラムを開発してきた人は、GUI が必要な場合、Windows フォームを使用してきたと思います。ところが、Windows フォームのコントロールなどは拡張が停止しています。そこで、WPF や UWP などを使用して GUI を記述するのが一般的になっています。同時に、フォームもデザインをツールボックスやプロパティに頼らず、XAML を編集するのも一般的になりつつあります。ところが、従来の開発手法に慣れた人は、XAML の編集には少し戸惑うでしょう。この例では、ツールボックスからコントロールを配置し、細かい点は XAML を編集するという折衷的な方法でフォームを完成させます。

11.2　呼び出し側を Windows フォームで開発

　呼び出し側のプログラムを Windows フォームで開発する例を紹介します。DLL は、先ほどと同様に第 1 章「はじめての連携」の 1.1 節「DLL の開発」で紹介したものをそのまま利用します。以降に、プログラム開発手順を示します。

（1）Visual Studio を起動し、「新しいプロジェクトの作成」を選びます。あるいは、メニューから［ファイル］→［新規作成］→［プロジェクト］を選びます。

図11.10●「新しいプロジェクトの作成」

（2）「新しいプロジェクトの作成」ダイアログが現れますので、［Windows フォームアプリケーション (.NET Framework)］を選び、［次へ］を選択します。

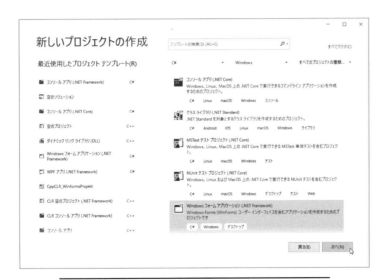

図11.11●Windows フォームアプリケーションを選ぶ

（3）プロジェクトの場所と名前などを入力します。

図11.12●プロジェクトの場所と名前などを入力

（4）すると、プロジェクトが作成され、フォームといくつかのファイルが自動的に生成されます。

図11.13●プロジェクトが作成される

（5）このフォームに、ツールボックスから各種コントロールを追加して GUI を作り上げます。

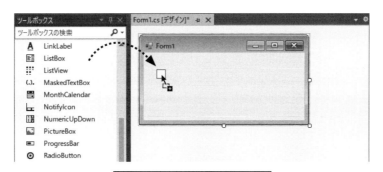

図11.14●コントロールを配置

（6）配置した Button コントロールをダブルクリックします。

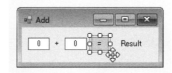

図11.15●Buttonコントロールをダブルクリック

（7）すると、Button コントロールをクリックしたときに実行されるメソッドが追加され、コードを記述する位置にカーソルが移動します。

図11.16●カーソルが移動

（8）必要なコードを追加します。ここでは、DLL の呼び出しを追加します。

（9）1.1 節「DLL の開発」で紹介した DLL を EXE が存在するフォルダーにコピーします。

（10）このままでは EXE が 32 ビット対応でビルドされるのは、これまでに何回も説明しました。このためプロジェクトのプロパティを開き、［32 ビットを選ぶ］のチェックを外します。

　ビルドし、プログラムを実行した例を示します。

図11.17●実行例

　以降に、Form1.cs のソースリストを示します。

リスト 11.3 ● WindowsFormsApp1 - Form1.cs

```csharp
using System;
using System.Windows.Forms;

using System.Runtime.InteropServices;


namespace WindowsFormsApp1
{
    public partial class Form1 : Form
    {

        [DllImport("Dll1", EntryPoint = "Add")]
        static extern int Add(int a, int b);


        public Form1()
        {
            InitializeComponent();
        }
```

```
      private void button1_Click(object sender, EventArgs e)
      {
          int a = Convert.ToInt32(textBox1.Text);
          int b = Convert.ToInt32(textBox2.Text);
          int result = Add(a, b);

          label2.Text = result.ToString();
      }
   }
}
```

12

WindowsAPI の呼び出し

Windows API も DLL の一種です。このため、API 呼び出しは DLL 関数呼び出しと同様です。本章では Windows API を呼び出す例を解説します。

12.1 WindowsAPI の呼び出し

Windows API も DLL の関数と違いはありません。本節では、マネージドコードから Windows API を呼び出す方法を紹介します。呼び出し側のプログラムは、Windows フォームアプリケーションを使用します。

本プログラムは、ボタンを押したときにメッセージボックスを表示します。以降に、実行例を示します。

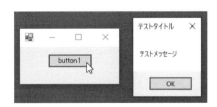

図12.1●実行例

　ボタンを押すと、メッセージボックスが現れます。Windows API である MessageBox は user32.dll に含まれます。関数の形式を DllImport で宣言するのはこれまでと同じです。API が user32.dll に含まれていることを指定しますが、user32.dll はデフォルトで参照できますので、DLL の所在に注意を払う必要はありません。

　以降に、Form1.cs のソースリストを示します。

リスト 12.1 ● WindowsFormsApp1 - Form1.cs

```csharp
using System;
using System.Windows.Forms;

using System.Runtime.InteropServices;

namespace WindowsFormsApp1
{
    public partial class Form1 : Form
    {
        private const string Caption = "テストタイトル";
        private const string Message = "テストメッセージ";

        [DllImport("user32.dll", CharSet = CharSet.Auto)]
        public static extern int MessageBox(
            IntPtr hWnd, String text, String caption, int options);

        public Form1()
        {
            InitializeComponent();
        }

        private void button1_Click(object sender, EventArgs e)
        {
            _ = MessageBox(Handle, Message, Caption, 0);
        }
    }
}
```

ほかの API を呼び出すときも同様の方法で実施できます。API の引数などは、それぞれ異な

りますので自身で調べるか、あるいはインターネット上にたくさんの情報が溢れていますので、それを利用しても良いでしょう。

　もう 1 つ、日付を取得する例を示します。こちらはコンソールアプリケーションで開発します。Kernel32.dll に含まれる GetSystemTime API を呼び出します。以降に、Program.cs のソースリストを示します。

リスト 12.1 ● SysTime - Program.cs

```csharp
using System;
using System.Runtime.InteropServices;

namespace ConsoleApp1
{
    class Program
    {
        // struct
        [StructLayout(LayoutKind.Sequential)]
        private struct SystemTime
        {
            public ushort wYear;
            public ushort wMonth;
            public ushort wDayOfWeek;
            public ushort wDay;
            public ushort wHour;
            public ushort wMinute;
            public ushort wSecond;
            public ushort wMilliseconds;
        }

        [DllImport("Kernel32.dll")]
        static extern void GetSystemTime(ref SystemTime systime);

        static void Main(string[] args)
        {
            SystemTime systime = new SystemTime();
            GetSystemTime(ref systime);
            Console.WriteLine($"{systime.wYear}/{systime.wMonth}/{systime.wDay}");
```

```
        }
    }
}
```

　GetSystemTime API を呼び出すとき、SystemTime 構造体に ref を付けて渡します。構造体は、宣言するだけで使用できますが、値を設定するまで領域は割り当てられないため、あらかじめ new を用いて割り付けておきます。

　受け取った構造体のメンバーで日時を表示します。C# 6.0 より古いバージョンでは、String.Format を使う必要がありましたが、C# 6.0 以降のバージョンでは、$ を使った文字列の書式設定を行うことができます。$ の後に " " で文字列を囲って、変数部分は { } の中に直接変数を記入すると、文字列として、文字を連結してくれます。

　以降に、実行例を示します。

2020/11/16

13

DllMain

本章では、DLL の初期化／終了処理を行う、DllMain について説明します。

13.1 DllMain について

これまでのプログラムは DllMain を記述していませんでしたが、DLL はプロセスにアタッチされたときなどに呼び出される DllMain を記述できます。この関数で、DLL の初期化や終了処理を記述できます。

■ 13.1.1 DllMain の引数

システムは、DLL の初期化／終了処理のタイミングを、DllMain に次の引数を渡すことで知らせます。

- DLL_PROCESS_ATTACH
- DLL_THREAD_ATTACH
- DLL_THREAD_DETACH
- DLL_PROCESS_DETACH

それぞれの引数が渡されるときの説明を行います。

DLL_PROCESS_ATTACH

DLL が初めてプロセスのメモリー空間にマッピングされるときに渡されます。すでにプロセスのアドレス空間にマップされている場合は、この値を受け取ることはありません。通常、DLL_PROCESS_ATTACH が渡されると、DLL はプロセスに関する初期化を行います。

DLL_THREAD_ATTACH

プロセス内でスレッドが生成されたときに、プロセスにマッピングされているすべての DLL に対し、DLL_THREAD_ATTACH を引数として、それぞれの DllMain を呼び出します。通常、この引数が渡されると、DLL はスレッドに関する初期化を行います。ただし、DLL をプロセスのアドレス空間にマッピングしたときに、すでに動作中のスレッドに対応した DllMain の呼び出しは行われません。DLL_THREAD_ATTACH を引数として DLL の DllMain 関数を呼び出すのは、新しいスレッドが生成されたときに、すでにプロセスのアドレス空間に DLL が存在するときだけです。

プロセスは必ずスレッドを 1 つ持ちます（主スレッドと呼ばれる）が、そのスレッドに対しては、DLL_THREAD_ATTACH を引数とした呼び出しは実行されません。そのスレッドはプロセスの起動と同時なので、DLL_PROCESS_ATTACH で呼び出されます。

DLL_THREAD_DETACH

システムはスレッドが終了するときに、DLL_THREAD_DETACH を引数として、それぞれの DllMain を呼び出します。通常、この引数が渡されると、DLL はスレッドに関する終了処理を行います。DLL をプロセスのアドレス空間から解放する場合、その時点で実行中のスレッドに対する DLL_THREAD_DETACH を引数とした呼び出しは発生しません。また、スレッドの終了処理を伴わない一方的な終了が発生すると、そのスレッドに対する DLL_THREAD_DETACH は発生しません。スレッドの初期化／終了処理には慎重なコーディングが必要です。

DLL_PROCESS_DETACH

システムは、DLL をプロセスのアドレス空間から解放するときに、DLL_PROCESS_DETACH を引数として、DllMain 関数を呼び出します。通常、この引数が渡されると、DLL はプロセスに関する終了処理を行います。

13.2 DLL の説明

　まず、DLL 側から説明します。本 DLL は、DllMain に渡される引数と DLL 間でメモリーを
プロセス間で共有することによって、DllMain が正常に機能していることを調べるプログラム
を紹介します。DLL のソースリストを示します。

リスト 13.1 ● Dll1 - dllmain.cpp

```cpp
// dllmain.cpp : DLL アプリケーションのエントリ ポイントを定義します。
#include "pch.h"

#include <iostream>
using namespace std;

extern "C"
{
    int  __declspec(dllexport) __stdcall dllGet();
}

#pragma data_seg("kitayama")
static int numOfProcess = 0;
#pragma data_seg()


BOOL APIENTRY DllMain(HMODULE hModule,
    DWORD  ul_reason_for_call,
    LPVOID lpReserved
)
{
    switch (ul_reason_for_call)
    {
    case DLL_PROCESS_ATTACH:
        numOfProcess++;
        break;
    case DLL_THREAD_ATTACH:
        break;
```

```
    case DLL_THREAD_DETACH:
        break;
    case DLL_PROCESS_DETACH:
        numOfProcess--;
        break;
    }
    return TRUE;
}


// get num of process
int  __declspec(dllexport) __stdcall dllGet()
{
    return numOfProcess;
}
```

　DllMain の、DLL_PROCESS_ATTACH で変数 numOfProcess をインクリメントし、DLL_PROCESS_DETACH で変数 numOfProcess をデクリメントします。これで、DLL がプロセスにアタッチされた回数が分かります。つまり、DllMain の動作を理解できます。dllGet 関数は、numOfProcess の値を返します。なお、numOfProcess を通常の変数として宣言すると、DllMain の動作を理解するのは困難です。

　まず、numOfProcess が各 DLL 間で共有されることの説明を行います。#pragma data_seg を使用すると、変数をプロセス間で共有できます。以降に、ソースコードを示します。

```
#pragma data_seg("kitayama")
static int numOfProcess = 0;
#pragma data_seg()
```

■**13.2.1　data_seg の説明**

　#pragma data_seg の形式を示します。

```
#pragma data_seg( ["セクション名"[, "セクションクラス"] ] )
```

　データが置かれるデフォルトのセクションを指定します。次の例では、データは kitayama

という名前のセクションに置かれます。

```
#pragma data_seg( "kitayama" )
```

　2番目のパラメータ「セクションクラス」は、古い Visual C++ バージョンとの互換のために存在します。現在の Visual C++ では無視されます。DEF ファイルをプロジェクトに追加するのも忘れないでください。セクション内で宣言された変数は、プロセス間で共有されます。

■13.2.2　DEF ファイル

　本 DLL は、変数をプロセス間で共用させるために DEF ファイルを必要とします。以降に DEF ファイルのソースコードを示します。

```
LIBRARY Dll1

SECTIONS
    kitayama READ WRITE SHARED
```

■13.2.3　SECTIONS 文

　SECTIONS 文の形式を示します。

```
SECTIONS　セクション定義
```

　イメージファイル内のセクションに属性を設定します。セクション定義は、それぞれ別の行に記述します。セクション定義の構文を次に示します。

```
セクション名　[CLASS　'クラス名']　属性
```

　「セクション名」に指定するセクション名は、大文字と小文字が区別されます。キーワード CLASS は互換性のために存在します。現在では、無視されます。「属性」は EXECUTE、READ、

SHARED、および WRITE の組み合わせを指定します。

DEF ファイルをプロジェクトへ追加する方法は解説済みですので説明は省きます。

13.3 呼び出し側の説明

DLL を呼び出すプログラムは、Windows フォームアプリケーションで開発します。以降に、Form1.cs のソースリストを示します。

リスト 13.2 ● WindowsFormsApp1 - Form1.cs

```csharp
using System;
using System.Windows.Forms;

using System.Runtime.InteropServices;

namespace WindowsFormsApp1
{
    public partial class Form1 : Form
    {
        [DllImport("Dll1.dll")]
        private static extern int dllGet();

        private Timer mTimer;

        public Form1()
        {
            InitializeComponent();

            // タイマーを設定
            mTimer = new Timer();
            mTimer.Tick += new EventHandler(MyTimerMethod);
            mTimer.Interval = 10;
            mTimer.Start();
```

```
        }

        private void MyTimerMethod(object sender, EventArgs e)
        {
            label2.Text = dllGet().ToString();
        }
    }
}
```

　DLL の dllGet 関数を定期的に呼び出し、numOfProcess を絶えず取り出し、表示します。numOfProcess はプロセスにアタッチされている数を表しますので、本プログラムを起動するたびに起動した回数が表示されるはずです。

　コンストラクターで Timer オブジェクトを生成します。GUI をデザインするときにコントロールパネルからフォームへ Timer を貼り付けることも可能ですが、ここではコンストラクターで Timer を生成し、Timer メソッドの登録もコンストラクターから呼び出されたメソッド内で行います。インターバルに 10 を設定したのち Timer を起動します。これによって、MyTimerMethod メソッドが一定の周期で呼び出されます。

　MyTimerMethod メソッドは、DLL の関数 dllGet 関数を呼び出し、返された値を Label コントロールの Text へ設定します。

　実行してみます。起動された全プログラムは、インスタンス数を表示します。図 13.1 は、プログラムを 4 回起動した様子です。

図13.1●プログラムを4回起動

　すべてがインスタンス数は 4 であると表示しています。この動作から、DllMain が DLL_

PROCESS_ATTACH の引数で呼び出されていること、ならびに DLL 間で変数が共有できていることが予想されます。次に、ひとつのプログラムを終了させた様子を示します。

図13.2●ひとつのプログラムを終了させた様子

すべてのプログラムはインスタンス数が 3 であると表示します。この動作から、DllMain が DLL_PROCESS_DETACH の引数で呼び出されていることも予想できます。

図 13.2 は、すべてのインスタンスを終了させて、再度、プログラムを起動した様子です。すべてのインスタンスを終了させた時点で、DLL もメモリーから解放されます。このため、その後に起動したプログラムは 1 を表示します。

図13.3●すべて終了後、再起動

14

メモリー共有

本章では、DLL を使用し、マネージドプログラム間で通信する方法を紹介します。

14.1 DLL を使って通信

前章で #pragma data_seg や DEF ファイルを使用するプログラムを紹介しました。これらの機能を利用するとマネージドコードで記述したプロセス間の通信が可能です。ここでは C# で開発した 2 つのプログラム間で通信する例を紹介します。

14.2 プロセス間のメモリー共有概論

Windows は、一般のオペレーティングシステムと同様に、プロセス管理が強固です。各プロセスは隔絶したアドレス空間へ配置されます。このため、単純なメモリー参照によるプロセス間通信は許されません。プロセス間通信は、よりよいメモリー共有の方法（たとえば、メモ

リマップドファイルなど）や通信で行う方法が提供されています。

　ここでは、マネージドコードとアンマネージドコードの融合を説明していますので、DLL を使用した、簡便なプロセス間通信を紹介します。正統なオペレーティングシステムは、各プロセスを隔絶したアドレス空間へ配置します。それらのオペレーティングシステムでは、各プロセスは、堅牢で破ることのできない隔絶されたアドレス空間にマッピングされます。しかし、DLL を使用すると、先の章で述べたようにメモリー共有の機能を使用できます。まず、一般的なケースのメモリー配置の概念図を示します。

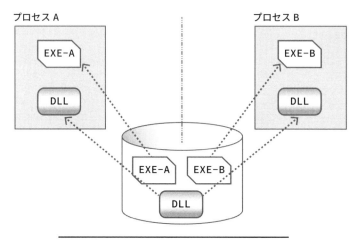

図14.1●一般的なケースのメモリー配置概念図

　図に示したように、プロセス間のメモリー空間は完全に独立して管理されます。実メモリーはページテーブルによって仮想化され、プロセスごとに独自のメモリー空間を与えることによって実現します。図の例では、まったく異なる「EXE-A（EXE + DLL）」と「EXE-B（EXE + DLL）」が、別々の「プロセス A」と「プロセス B」で異なるアドレス空間に存在します。同じ DLL を使用していますが、動作中の DLL は別のものです。つまり、プロセスにマップされた DLL はクラスのインスタンスと同じような動作を行います。一般的に、このように動作することによってプログラムの堅牢性は増します。

　次に #pragma data_seg と DEF ファイルを使用し、メモリーを共有したときの概念図を示します。

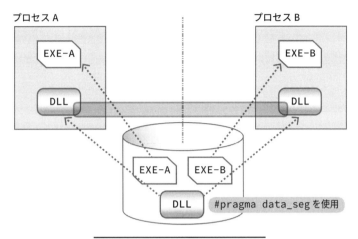

プロセス A

プロセス B

EXE-A

EXE-B

DLL

DLL

EXE-A

EXE-B

DLL

#pragma data_seg を使用

図14.2●DLLの一部が共有される

図に示すように、異なるプロセス間でメモリーを共有できます。この機能を応用すると、プロセス間で通信を行うことができます。

14.3 DLL の説明

まず、DLL 側から説明します。本 DLL は、DLL 間でメモリーをプロセス間で共有します。以降に、ソースリストを示します。

リスト 14.1 ● Dll1 - dllmain.cpp

```cpp
#include "pch.h"

extern "C"
{
    int  __declspec(dllexport) __stdcall dllGet();
    void __declspec(dllexport) __stdcall dllSet(int a);
}

#pragma data_seg("kitayama")
```

```
static int commData = 0;
#pragma data_seg()

// get num of process
int  __declspec(dllexport) __stdcall dllGet()
{
    return commData;
}

void __declspec(dllexport) __stdcall dllSet(int a)
{
    commData = a;
}
```

　#pragma data_seg を使用し、commData が DLL 間で共有されるように指定します。dllGet 関数は、commData の値を返し、dllSet 関数は commData へ値を設定する関数です。

■14.3.1　DEF ファイル

　DEF ファイルは、前節の例と同様です。なお、変数をプロセス間で共用させるために DEF ファイルを必要とするのも前章と同様です。以降に DEF ファイルのソースコードを示します。

```
LIBRARY Dll1

SECTIONS
    kitayama READ WRITE SHARED
```

　DEF ファイルをプロジェクトへ追加する方法は解説済みですので説明は省きます。

14.4 呼び出し側 A の説明

DLL を呼び出すプログラムは 2 つ必要です。両方とも Windows フォームアプリケーションで開発します。データを送る側を EXE-A と表現し、受け取る側を EXE-B と表現します。以降に、EXE-A のフォームと対応するソースリストを示します。

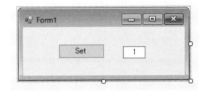

図14.3●EXE-Aのフォーム

リスト 14.2 ● EXE-A のソースリスト（WindowsFormsApp2 - Form1.cs）

```csharp
using System;
using System.Windows.Forms;

using System.Runtime.InteropServices;

namespace WindowsFormsApp2
{
    public partial class Form1 : Form
    {
        [DllImport("Dll1.dll")]
        private static extern void dllSet(int a);

        public Form1()
        {
            InitializeComponent();
        }

        private void button1_Click(object sender, EventArgs e)
        {
            dllSet(Convert.ToInt32(textBox1.Text));
```

```
            }
        }
}
```

「Set」ボタンが押されたら、TextBox コントロールに設定された値を引数に、DLL の dllSet 関数を呼び出します。

データを受け取る側のフォームとソースリストを示します。

図14.4●EXE-Bのフォーム

リスト 14.3 ● EXE-B のソースリスト（WindowsFormsApp1 - Form1.cs）

```csharp
using System;
using System.Windows.Forms;

using System.Runtime.InteropServices;

namespace WindowsFormsApp1
{
    public partial class Form1 : Form
    {
        [DllImport("Dll1.dll")]
        private static extern int dllGet();

        private Timer mTimer;
```

```
    public Form1()
    {
        InitializeComponent();

        // タイマーを設定
        mTimer = new Timer();
        mTimer.Tick += new EventHandler(MyTimerMethod);
        mTimer.Interval = 10;
        mTimer.Start();
    }

    private void MyTimerMethod(object sender, EventArgs e)
    {
        label2.Text = dllGet().ToString();
    }
    }
}
```

本プログラムは、前章のプログラムとまったく同一ですので説明は省きます。

ソリューションは、DLL プロジェクトと 2 つの Windows フォームアプリケーションプロジェクトで構成されます。

図14.5●ソリューション

これまでに説明していますが、EXE ファイルや DLL ファイルを同じ場所へ出力するように設定しておいた方がコピーする作業などを省くことができます。なお、新しくプロジェクトを作成する場合、［プロジェクト］→［プロパティ］を確認し、［ビルド］の［32 ビットを選ぶ］

にチェックが入っていないことを確認してください。もし、チェックが入っていると32ビット用のバイナリが生成されてしまいます。

　実行してみます。2つのプログラムを起動した直後を示します。

図14.6●プログラムを起動直後

　「Set」ボタンを押すと、TextBox コントロールの値がデータを受け取る側のウィンドウに表示されます。

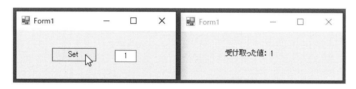

図14.7●「Set」ボタンを押す

　値を変更した様子を示します。

図14.8●値を変更

　動作から分かるように、プロセス間で通信できていることが分かります。

15

応 用

　本章では、C# から DLL を呼び出すプログラムの応用として、C# から OpenCL や OpenCV を使用する例を紹介します。

15.1 OpenCL のプラットフォーム数を表示

　C# から OpenCL API を使用する簡単な例を紹介します。このプログラムは、使用している環境に存在するプラットフォームの数を表示します。OpenCL 本来の機能はさておき、C# から OpenCL を使用する基礎的な学習を目的とします。以降に、ソースリストを示します。

リスト 15.1 ● OpenCL - Program.cs

```csharp
using System;
using System.Runtime.InteropServices;

namespace OpenCL
{
    class Program
    {
        private const int CL_SUCCESS = 0;
```

```
    //private const String clPath = @"C:¥Windows¥System32¥OpenCL.dll";
    private const String clPath = @"OpenCL.dll";

    //---------------
    //cl_int clGetPlatformIDs ( cl_uint num_entries,
    //                          cl_platform_id *platforms,
    //                          cl_uint *num_platforms)
    [DllImport(clPath)]
    public static extern int clGetPlatformIDs(
                            uint num_entries,
                            IntPtr[] platforms,
                            out uint num_platforms);

    // Main
    static void Main()
    {
        int status = clGetPlatformIDs(0, null, out uint platformCount);
        if (status == CL_SUCCESS)
        {
            Console.WriteLine($"number of platform = {platformCount}");
        }
    }
}
```

　本書では OpenCL の環境セットアップについては言及しません。このため、OpenCL を利用するいくつかのプログラムは、OpenCL の環境がインストールされていないと実行時にエラーとなる場合もあります。最近の Windows パソコンであれば、あらかじめ OpenCL の実行環境がインストールされています。このような環境では、動作する可能性が高いですが、それでも動作を保証するものではありません。OpenCL 用の DLL が存在しない場合は、自身で OpenCL の環境をセットアップしてください。

　それでは、プログラムの説明に入ります。本プログラムは、OpenCL.dll を必要とします。OpenCL.dll の存在位置を、clPath にフルパスで指定します。ソースリストにあるように、筆者が調べた複数のパソコンでは、Windows の System32 に格納されていました。パスが通っていたため、以下のようにパスは省略します。

```
private const String clPath = @"OpenCL.dll";
```

　clGetPlatformIDs API を使用して、プラットフォームの数を取得します。通常の構成では、ひとつのコンピュータ内に、ひとつのプラットフォームしか存在しません。ところが、複数ベンダの複数 GPU などを搭載している場合、複数のプラットフォームが存在することがあります。本プログラムは、単にコンピュータ内のプラットフォーム数を表示します。以下が、プラットフォーム数を取得する部分です。

```
int status = clGetPlatformIDs(0, null, out uint platformCount);
if (status == CL_SUCCESS)
{
    Console.WriteLine($"number of platform = {platformCount}");
}
```

　上記の platformCount にコンピュータ内に存在するプラットフォーム数が返されます。C# では値を割り当てていない変数を参照すると未割り当てであるというエラーメッセージが出力され、コンパイルエラーとなります。このため DLL や関数呼び出しで、初期化していない変数(フィールド)に値を受け取る場合、out キーワードを付けなければなりません。out キーワードを指定した引数は、参照渡しになります。

　clGetPlatformIDs API の第 1 引数には、取得するプラットフォーム ID のエントリの数を指定します。取得したプラットフォーム ID は第 2 引数へ格納されます。第 3 引数には、有効なプラットフォーム数が返されます。この例では、プラットフォーム ID を取得するのではなく、プラットフォーム数を取得するのが目的です。このため、第 1 引数に 0 を、第 2 引数に null を指定し、プラットフォーム ID は取得せず、platformCount にプラットフォーム数を取得します。

　正常にプラットフォーム数を取得できたら、その数を表示します。

　プログラムの先頭に API の宣言がありますが、これが OpenCL API を C# に書き換えたものです。C++ で記述した API と、それに対応する C# の宣言を示します。

```
//cl_int clGetPlatformIDs ( cl_uint num_entries,
//                          cl_platform_id *platforms,
```

```
//                        cl_uint *num_platforms)
[DllImport(clPath)]
public static extern int clGetPlatformIDs(
                        uint num_entries,
                        IntPtr[] platforms,
                        out uint num_platforms);
```

本プログラムの実行結果を示します。

```
number of platform = 1
```

15.2 OpenCL のプロフィールを表示

先のプログラムを少し応用したプログラムを紹介します。プラットフォームやデバイスを列挙し、それぞれのプロフィールを表示します。以降に、列挙をどのように行うか図で示します。

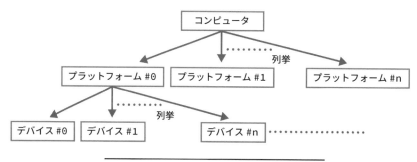

図15.1●プラットフォームとデバイスを列挙

以降に、ソースリストを示します。

リスト 15.2 ● OpenCL02 - Program.cs

```csharp
using System;
using System.Text;
using System.Runtime.InteropServices;

namespace OpenCL
{
    class Program
    {
        private const int CL_SUCCESS = 0;                       // Error Codes
        private const int CL_DEVICE_TYPE_DEFAULT = (1 << 0);
        private const int CL_DEVICE_NAME = 0x102B;              // cl_device_info
        private const int CL_DEVICE_VENDOR = 0x102C;
        private const int CL_PLATFORM_PROFILE = 0x0900;         // cl_platform_info
        private const int CL_PLATFORM_VERSION = 0x0901;


        //DLLs
        private const String clPath = @"OpenCL.dll";

        [DllImport(clPath)]
        public static extern int clGetPlatformIDs(
            uint num_entries, IntPtr[] platforms, out uint num_platforms);

        [DllImport(clPath)]
        public static extern int clGetPlatformInfo(
            IntPtr platform, int parameterName, IntPtr parameterValueSize,
            StringBuilder parameterValue, out IntPtr parameterValueSizeReturn);

        [DllImport(clPath)]
        public static extern int clGetDeviceIDs(
            IntPtr platform, int device_type, uint num_entries,
            IntPtr[] devices, out uint num_devices);

        [DllImport(clPath)]
        public static extern int clGetDeviceInfo(
            IntPtr device, int paramName, IntPtr paramValueSize,
            StringBuilder paramValue, out IntPtr paramValueSizeReturn);
```

15

```
// Main
static void Main()
{
    try
    {
        int status = clGetPlatformIDs(0u, null, out uint platformCount);
        if (status != CL_SUCCESS)
            throw new Exception("clGetPlatformIDs failed.");
        IntPtr[] platforms = new IntPtr[platformCount];
        clGetPlatformIDs(platformCount, platforms, out platformCount);

        foreach (var platform in platforms)
        {
            IntPtr valueSize = (IntPtr)0;
            StringBuilder result = new StringBuilder();

            // CL_PLATFORM_PROFILE
            status = clGetPlatformInfo(
                platform, CL_PLATFORM_PROFILE, (IntPtr)0, null, out valueSize);
            if (status != CL_SUCCESS)
                throw new Exception("clGetPlatformInfo failed.");
            result.EnsureCapacity(valueSize.ToInt32());
            status = clGetPlatformInfo(
                platform, CL_PLATFORM_PROFILE, valueSize, result,
                                                      └ out valueSize);
            Console.WriteLine("Platform profile   : " + result.ToString());

            //CL_PLATFORM_VERSION
            status = clGetPlatformInfo(
                platform, CL_PLATFORM_VERSION, (IntPtr)0, null, out valueSize);
            if (status != CL_SUCCESS)
                throw new Exception("clGetPlatformInfo failed.");
            result.EnsureCapacity(valueSize.ToInt32());
            status = clGetPlatformInfo(
                platform, CL_PLATFORM_VERSION, valueSize, result,
                                                      └ out valueSize);
            Console.WriteLine("Platform version   : " + result.ToString());
```

```
        // get devices
        status = clGetDeviceIDs(
            platform, CL_DEVICE_TYPE_DEFAULT, 0u, null,
                                        └ out uint deviceCount);
        if (status != CL_SUCCESS)
            throw new Exception("clGetDeviceIDs failed.");
        IntPtr[] deviceId = new IntPtr[deviceCount];
        clGetDeviceIDs(
            platform, CL_DEVICE_TYPE_DEFAULT, deviceCount, deviceId,
                                            └ out deviceCount);

        foreach (var device in deviceId)
        {
            valueSize = (IntPtr)0;

            // CL_DEVICE_VENDOR
            status = clGetDeviceInfo(
                device, CL_DEVICE_VENDOR, (IntPtr)0, null, out valueSize);
            if (status != CL_SUCCESS)
                throw new Exception("clGetDeviceInfo failed.");
            result.EnsureCapacity(valueSize.ToInt32());
            clGetDeviceInfo(
                device, CL_DEVICE_VENDOR, valueSize, result, out valueSize);
            Console.WriteLine("   Device vendor  : " + result.ToString());

            //CL_DEVICE_NAME
            status = clGetDeviceInfo(
                device, CL_DEVICE_NAME, (IntPtr)0, null, out valueSize);
            if (status != CL_SUCCESS)
                throw new Exception("clGetDeviceInfo failed.");
            result.EnsureCapacity(valueSize.ToInt32());
            clGetDeviceInfo(
                device, CL_DEVICE_NAME, valueSize, result, out valueSize);
            Console.WriteLine("   Device name    : " + result.ToString());
        }
    }
}
catch (Exception ex)
{
```

```
                    Console.WriteLine(ex);
                }
            }
        }
    }
}
```

コンピュータ内のプラットフォームを列挙し、それぞれのプラットフォーム内のデバイスを列挙します。そして、いくつかの情報を表示します。表示する情報は多数あるため、適当に選択します。

clGetPlatformIDs API を使用して、プラットフォーム数を取得する部分は前節と同様です。異なるのは、プラットフォーム数を取得後、全部のプラットフォーム ID を取得します。以降に、プラットフォーム ID を取得する部分を示します。

```
int status = clGetPlatformIDs(0u, null, out uint platformCount);
if (status != CL_SUCCESS)
    throw new Exception("clGetPlatformIDs failed.");
IntPtr[] platforms = new IntPtr[platformCount];
clGetPlatformIDs(platformCount, platforms, out platformCount);
```

最初に前節で紹介した方法で、platformCount にコンピュータ内に存在するプラットフォーム数を取得します。この API 呼び出しは、プラットフォーム ID を取得せず、単純にプラットフォーム数を取得するために呼び出します。その後、プラットフォーム ID を格納する platforms 配列を、取得したプラットフォーム数分割り付けます。そして、再度 clGetPlatformIDs API を呼び出し、すべてのプラットフォーム ID を取得します。これでプラットフォームの列挙は完了です。

このプラットフォーム ID を使って、いくつかのプラットフォームの情報を表示します。そして、先ほどのプラットフォーム列挙と同じ方法を採用し、それぞれのプラットフォームに含まれるデバイスを列挙します。同様に、このデバイス ID を使用し、いくつかのデバイスの情報を表示します。

本節で使用した OpenCL API を C# で宣言していますが、それぞれを対応して示します。

clGetPlatformInfo 対応

C/C++

```
cl_int clGetPlatformInfo (cl_platform_id    platform,
                          cl_platform_info  param_name,
                          size_t            param_value_size,
                          void              *param_value,
                          size_t            *param_value_size_ret)
```

C#

```
[DllImport(clPath)]
public static extern int clGetPlatformInfo(
    IntPtr        platform,
    int           parameterName,
    int           parameterValueSize,
    StringBuilder parameterValue,
    out int       parameterValueSizeReturn
    );
```

clGetDeviceIDs 対応

C/C++

```
cl_int clGetDeviceIDs (cl_platform_id    platform,
                       cl_device_type    device_type,
                       cl_uint           num_entries,
                       cl_device_id      *devices,
                       cl_uint           *num_devices)
```

C#

```
[DllImport(clPath)]
public static extern int clGetDeviceIDs(
    IntPtr    platform,
```

```
int       device_type,
int       num_entries,
IntPtr[]  devices,
out int   num_devices
);
```

clGetDeviceInfo 対応

C/C++

```
cl_int clGetDeviceInfo (cl_device_id    device,
                        cl_device_info  param_name,
                        size_t          param_value_size,
                        void            *param_value,
                        size_t          *param_value_size_ret)
```

C#

```
[DllImport(clPath)]
public static extern int clGetDeviceInfo(
    IntPtr        device,
    int           paramName,
    int           paramValueSize,
    StringBuilder paramValue,
    out int       paramValueSizeReturn
    );
```

OpenCL API の引数を C# でどのように宣言するかは、OpenCL のヘッダを覗かないと分からないときもあります。ただ、パターンがありますので、いくつかの API を変換すると大体の要領が分かってきます。

clGetPlatformInfo API でプラットフォーム情報を取得、clGetDeviceIDs API でデバイスの列挙、そして clGetDeviceInfo API でデバイス情報を取得します。

本プログラムの実行例を示します。

```
>OpenCL
Platform profile  : FULL_PROFILE
Platform version  : OpenCL 2.1
   Device vendor  : Intel(R) Corporation
   Device name    : Intel(R) HD Graphics 530
```

AnyCPU を選択しているにも関わらず、「32 ビットを選ぶ」にチェックが入っている状態でビルドしたときを示します。実行形式と DLL のビット数が合わないため、例外が発生します。例外は、catch で捕まりメッセージが表示されます。

```
>OpenCL
Platform profile  : FULL_PROFILE
Platform version  : OpenCL 2.1
System.Exception: clGetDeviceIDs failed.
   場所 OpenCL.Program.Main() 場所 C:\...\02OpenCL02\OpenCL\Program.cs:行 79
```

15.3 OpenCL で配列の乗算

C# から OpenCL を使用するプログラムを紹介します。OpenCL は、粒度が小さい並列処理を得意とします。本節では、C# から OpenCL を利用する方法を解説するのが目的ですので、比較的単純な例を紹介します。具体的には、2 つの一次元配列の各要素を乗算します。float 型の配列 a と配列 b の各要素を乗算し、配列 c に結果を格納します。以降に処理の概要を示します。

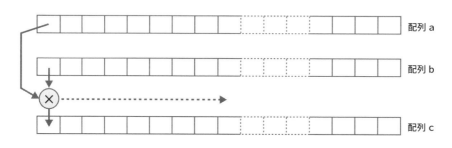

図15.2●プログラムの概要

OpenCL でプログラムを開発する場合、ホスト側のプログラムとデバイス側のプログラム（カーネル）が必要です。本プログラムは、カーネルを文字列としてホストプログラム内に保持します。以降に、プログラムのソースリストを示します。

リスト 15.3 ● OpenCL03 - Program.cs

```csharp
using System;
using System.Runtime.InteropServices;

namespace OpenCL
{
    class Program
    {
        private const int CL_DEVICE_TYPE_DEFAULT = (1 << 0);    // cl_device_type

        private const int CL_FALSE = 0;                         // cl_bool
        private const int CL_TRUE = 1;
```

```
    private const int CL_MEM_READ_WRITE = (1 << 0);    // cl_mem_flags - bitfield
    private const int CL_MEM_WRITE_ONLY = (1 << 1);
    private const int CL_MEM_READ_ONLY = (1 << 2);
    private const int CL_MEM_USE_HOST_PTR = (1 << 3);
    private const int CL_MEM_ALLOC_HOST_PTR = (1 << 4);
    private const int CL_MEM_COPY_HOST_PTR = (1 << 5);

    private const int CL_SUCCESS = 0;                          // Error Codes

    //CALLBACKs
    private delegate void CL_CALLBACK_created_context(
        string errorInfo, IntPtr privateInfoSize, int cb, IntPtr userData);
    private delegate void CL_CALLBACK_ProgramBuilt(
        IntPtr program, IntPtr userData);

    //DLLs
    private const String clPath = @"OpenCL.dll";

    [DllImport(clPath)]
    public static extern int clGetPlatformIDs(
        uint num_entries, IntPtr[] platforms, out uint num_platforms);
    [DllImport(clPath)]
    public static extern int clGetDeviceIDs(IntPtr platform,
        int device_type, uint num_entries, IntPtr[] devices,
        out uint num_devices);
    [DllImport(clPath)]
    private static extern IntPtr clCreateContext(IntPtr[] properties,
        uint num_devices, IntPtr[] devices,
        CL_CALLBACK_created_context pfn_notify,
        IntPtr user_data, out int errcode_ret);
    [DllImport(clPath)]
    private static extern IntPtr clCreateCommandQueue(IntPtr context,
        IntPtr device, long properties, out int errcode_ret);
    [DllImport(clPath)]
    private static extern IntPtr clCreateProgramWithSource(
        IntPtr context, uint count, string[] strings,
        IntPtr[] lengths, out int errcode_ret);
    [DllImport(clPath)]
```

```
        private static extern int clBuildProgram(IntPtr program,
            uint num_devices, IntPtr[] device_list, string options,
            CL_CALLBACK_ProgramBuilt pfn_notify, IntPtr userData);
        [DllImport(clPath)]
        private static extern IntPtr clCreateKernel(IntPtr program,
            string kernel_name, out int errcode_ret);
        [DllImport(clPath)]
        private static extern int clReleaseKernel(IntPtr kernel);
        [DllImport(clPath)]
        private static extern IntPtr clCreateBuffer(IntPtr context,
            uint flags, IntPtr size, IntPtr host_ptr, out int errcode_ret);
        [DllImport(clPath)]
        private static extern int clSetKernelArg(IntPtr kernel,
            uint arg_index, IntPtr arg_size, ref IntPtr arg_value);
        [DllImport(clPath)]
        private static extern int clEnqueueTask(IntPtr command_queue,
            IntPtr kernel, uint num_events_in_wait_list,
            IntPtr[] event_wait_list, IntPtr eventObj);
        [DllImport(clPath)]
        private static extern int clEnqueueReadBuffer(IntPtr command_queue,
            IntPtr buffer, int blocking_read, IntPtr offset, IntPtr size,
            IntPtr ptr, uint num_events_in_wait_list,
            IntPtr[] event_wait_list, IntPtr eventObj);
        [DllImport(clPath)]
        private static extern int clReleaseMemObject(IntPtr memobj);
        [DllImport(clPath)]
        private static extern int clReleaseProgram(IntPtr program);
        [DllImport(clPath)]
        private static extern int clReleaseCommandQueue(IntPtr command_queue);
        [DllImport(clPath)]
        private static extern int clReleaseContext(IntPtr context);

        // Main
        static void Main()
        {
            // initialize array
            float[] a = new float[100], b = new float[100], c = new float[100];
            for (int i = 0; i < 100; i++)
            {
```

```
        a[i] = (float)(i + 100.0f);
        b[i] = (float)i / 10.0f;
    }

    IntPtr[] platformId = new IntPtr[1];     // get platform id
    _ = clGetPlatformIDs(1, platformId, out uint platformCount);

    IntPtr[] deviceID = new IntPtr[1];       // get device id
    _ = clGetDeviceIDs(platformId[0], CL_DEVICE_TYPE_DEFAULT,
            1, deviceID, out uint deviceCount);

    IntPtr context = clCreateContext(        // create Context
            null, 1, deviceID, null, IntPtr.Zero, out int err_ret);

    IntPtr queue = clCreateCommandQueue(     // create Command Queue
                    context, deviceID[0], 0, out err_ret);

    string[] src = new string[]              // create program object
    {
        "__kernel void¥n"+
        "mul(__global const float a[],¥n"+
        "    __global const float b[],¥n"+
        "    __global float c[])¥n"+
        "{¥n"+
        "    for(int i = 0 ; i < 100 ; i++ )¥n"+
        "    {¥n"+
        "        c[i] = a[i] * b[i];¥n"+
        "    }¥n"+
        "}¥n"
    };
    IntPtr prog = clCreateProgramWithSource(context,
                        (uint)src.Length, src, null, out err_ret);

    // build program
    _ = clBuildProgram(prog, 1, deviceID, null, null, IntPtr.Zero);

    // create kernel
    IntPtr kernel = clCreateKernel(prog, "mul", out err_ret);
```

```
// create memory object
GCHandle handle = GCHandle.Alloc(a, GCHandleType.Pinned);
IntPtr memA = clCreateBuffer(context,
                CL_MEM_READ_ONLY | CL_MEM_COPY_HOST_PTR,
                    (IntPtr)(Marshal.SizeOf(a[0]) * a.Length),
                        handle.AddrOfPinnedObject(), out err_ret);
handle.Free();


handle = GCHandle.Alloc(b, GCHandleType.Pinned);
IntPtr memB = clCreateBuffer(context,
                CL_MEM_READ_ONLY | CL_MEM_COPY_HOST_PTR,
                    (IntPtr)(Marshal.SizeOf(b[0]) * b.Length),
                        handle.AddrOfPinnedObject(), out err_ret);
handle.Free();


IntPtr memC = clCreateBuffer(context, CL_MEM_WRITE_ONLY,
                (IntPtr)(Marshal.SizeOf(c[0]) * c.Length),
                    IntPtr.Zero, out err_ret);

// set kernel parameters
_ = clSetKernelArg(kernel, 0,
                (IntPtr)Marshal.SizeOf(typeof(IntPtr)), ref memA);
_ = clSetKernelArg(kernel, 1,
                (IntPtr)Marshal.SizeOf(typeof(IntPtr)), ref memB);
_ = clSetKernelArg(kernel, 2,
                (IntPtr)Marshal.SizeOf(typeof(IntPtr)), ref memC);

// request execute kernel
_ = clEnqueueTask(queue, kernel, 0, null, IntPtr.Zero);


handle = GCHandle.Alloc(c, GCHandleType.Pinned);    // obtain results
_ = clEnqueueReadBuffer(queue, memC, CL_TRUE, (IntPtr)0,
            (IntPtr)(Marshal.SizeOf(typeof(float)) * c.Length),
                handle.AddrOfPinnedObject(), 0, null, IntPtr.Zero);
handle.Free();


Console.WriteLine("(a * b = c)\n");                 // list results
```

```
        for (int i = 0; i < 10; i++)
        {
            Console.WriteLine($"{a[i]:F3} * {b[i]:F3} = {c[i]:F3}");
        }

        // release resources
        clReleaseMemObject(memC);
        clReleaseMemObject(memB);
        clReleaseMemObject(memA);
        clReleaseKernel(kernel);
        clReleaseProgram(prog);
        clReleaseCommandQueue(queue);
        clReleaseContext(context);
    }
  }
}
```

　配列 a と配列 b の各要素を乗算し、配列 c の対応する要素に格納します。プログラムをなるべく短くしたかったため、例外やエラーチェックのコードは、ほとんど省きます。C# の逐次処理で記述すると簡単ですが、OpenCL へ対応させると、多くの行数を消費します。かつ、OpenCL API は C/C++ 言語から呼び出すことを前提にしているため、C# から OpenCL API を呼び出す場合、若干コードが増えます。さらに、OpenCL API を呼び出すため、通常のプログラムでは使用しない多くの関数を使用します。

　本プログラムを詳しく説明すると、OpenCL の詳細を理解する必要がありますので、内容の説明は省略します。詳細を知りたい人は API のドキュメントを参照するなどして学習してください。本節では、たくさんの OpenCL API を C# から呼び出す例として示します。

　このプログラムの実行結果を示します。

```
(a * b = c)

100.000 * 0.000 = 0.000
101.000 * 0.100 = 10.100
102.000 * 0.200 = 20.400
103.000 * 0.300 = 30.900
```

```
104.000 * 0.400 = 41.600
105.000 * 0.500 = 52.500
106.000 * 0.600 = 63.600
107.000 * 0.700 = 74.900
108.000 * 0.800 = 86.400
109.000 * 0.900 = 98.100
```

15.4 OpenCV

　C# と C++ をミックスすることによって、C# から OpenCV を利用する例を紹介します。本節で紹介するプログラムは、画像を読み込み、その画像に Sobel 処理を行います。画像の読み込みや Sobel 処理は OpenCV に任せ、表示や UI は C#、C# と OpenCV のインターフェースを C++ で開発した DLL で行います。以降に本プログラムの構成の概念図を示します。

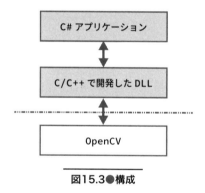

図15.3●構成

■15.4.1 DLL の説明

　C# 言語から OpenCV を直接利用できないため、まず C/C++ 言語で DLL を開発し、OpenCV をラップします。以降に、DLL のソースリストを示します。

リスト 15.4 ● opencv - Source.cpp　(DLL)

```cpp
#pragma warning(disable : 4819)              // disables warning messages

#include <opencv2/opencv.hpp>                // OpenCVヘッダ
#ifdef _DEBUG
#pragma comment(lib,"opencv_world450d.lib") // OpenCVライブラリ
#else
#pragma comment(lib,"opencv_world450.lib")  // OpenCVライブラリ
#endif
#define DLLAPI __declspec(dllexport) __stdcall

// struct
typedef struct _size
{
    int     width;
    int     height;
} size, *pSize;

extern "C"
{
    void DLLAPI dll_readAndDsize(char* fname, pSize psize);
    void DLLAPI dll_getData(uchar a[]);
    void DLLAPI dll_Sobel(uchar a[]);
}

static cv::Mat mSrc, mDst;

// read & size
void DLLAPI dll_readAndDsize(char* fname, pSize psize)
{
    mSrc = cv::imread(fname, cv::IMREAD_GRAYSCALE);

    psize->width = mSrc.cols;
    psize->height = mSrc.rows;
}

// get data
void DLLAPI dll_getData(uchar a[])
```

```
{
    std::size_t count = (std::size_t)mSrc.cols * (std::size_t)mSrc.rows;
    memcpy((void*)a, (const void*)mSrc.data, count);
}


// Sobel
void DLLAPI dll_Sobel(uchar a[])
{
    if (mSrc.empty())
        return;

    cv::Sobel(mSrc, mDst, -1, 0, 1);

    std::size_t count = (std::size_t)mDst.cols * (std::size_t)mDst.rows;
    memcpy((void*)a, (const void*)mDst.data, count);
}
```

　本 DLL は C# と OpenCV API を仲介します。DLL は 3 つの関数を持ちます。

　dll_readAndDsize 関数は、読み込むファイル名を fname で受け取り、そのファイルに格納されている画像サイズを pSize 構造体 psize へ設定します。画像は必ずグレイスケールで読み込みます。

　dll_getData 関数は、OpenCV 形式で読み込んだ画像のデータ部を uchar の配列で、呼び出し元へ返します。

　dll_Sobel 関数は、OpenCV の機能で Sobel 処理し、結果を uchar の配列で返します。

　本ソースリストは OpenCV 用のインクルードファイルとライブラリを指定しています。以降に、その部分のソースコードを示します。

```
#include <opencv2/opencv.hpp>           // OpenCVヘッダ
#ifdef _DEBUG
#pragma comment(lib,"opencv_world450d.lib") // OpenCVライブラリ
#else
#pragma comment(lib,"opencv_world450.lib")  // OpenCVライブラリ
#endif
```

　この例は、OpenCV のバージョン 4.5.0 を C:¥opencv¥ ヘインストールしたことを前提とします。インクルードファイルとライブラリを正常に参照できるようにするため、プロジェクトのプロパティページを開き、インクルードファイルとライブラリファイルの存在場所を設定します。プロジェクトを選択した状態で［プロジェクト］→［プロパティ］メニューを選択するか、ソリューションエクスプローラでプロジェクトを選択し、マウスの右ボタンを押します。すると、メニューが現れますので、［プロパティ］メニューを選択します。最初に構成を「すべての構成」へ変更します。そして、「C/C++」→「全般」→「追加のインクルードディレクトリ」へ「C:¥opencv¥build¥include;」を、「リンカー」→「追加のライブラリディレクトリ」へ「C:¥opencv¥build¥x64¥vc15¥lib;」を入力します。C:¥opencv¥ の部分は OpenCV をインストールした場所ですので、適宜変更してください。また、ライブラリの opencv_world???.lib の「???」の部分は OpenCV のバージョンで変化します。なお、「x64」や「vc15」の部分もビット数や Visual Studio のバージョンで変化します。

■ 15.4.2　C# の説明

　C# 言語で開発したアプリケーションプログラムを説明します。まず、フォームを簡単に説明します。以降にフォームを示します。

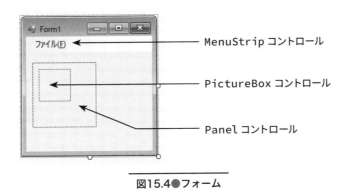

図15.4●フォーム

フォームの配置が分かりやすいように図を使って示します。フォームには、MenuStrip、Panel、および PictureBox の 3 つのコントロールを配置します。スクロールバー表示を行うので、PictureBox コントロールは Panel コントロールの上に配置します。

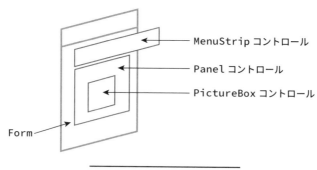

MenuStrip コントロール
Panel コントロール
PictureBox コントロール
Form

図15.5●コントロールの配置

メニューを以降に示します。メニューに対応するメソッドは、メニュー項目をダブルクリックすると、自動的にメソッドが定義され、概要のソースファイル部分へカーソルが移動します。その部分に、適宜コードを記述します。

ファイル(F)　　ここへ入力
開く(O)
変換(T)
閉じる(C)
ここへ入力

図15.6●メニュー

以降に、フォームに対応するソースコードと説明を対にして示します。まず、プログラムの先頭部分を示します。

リスト 15.5 ● opencv - Form1.cs (1)

```
using System;
using System.Drawing;
using System.Windows.Forms;

using System.Runtime.InteropServices;
using System.Drawing.Imaging;
```

```
namespace opencv
{
    public partial class Form1 : Form
    {
        // struct
        [StructLayout(LayoutKind.Sequential)]
        private struct ImageSize
        {
            public int width;
            public int height;
        }

        [DllImport("Dll.dll", CharSet = CharSet.Ansi)]
        private static extern int dll_readAndDsize(String a, ref ImageSize isize);


        [DllImport("Dll.dll")]
        private static extern void dll_getData(byte[] a);

        [DllImport("Dll.dll")]
        private static extern void dll_Sobel(byte[] a);

        private Byte[] mImageData;
        private ImageSize mImageSize;

        public Form1()
        {
            InitializeComponent();

            panel1.Dock = DockStyle.Fill;            //スクロール対応
            panel1.AutoScroll = true;
            pictureBox1.Location = new System.Drawing.Point(0, 0);
        }
```

　DLL を呼び出すため、「using System.Runtime.InteropServices;」を追加します。また、Bitmap オブジェクトなども扱うので「using System.Drawing;」と「using System.Drawing.Imaging;」も追加します。画像のサイズを保持する ImageSize 構造体を宣言します。この構造体は、DLL と情報を交換するための構造体です。マネージドとアンマネージド間ではメモリー

の変換が行われます。ですので、C# の構造体と DLL 側の構造体は同じメモリー配置でなければなりません。ところが、.NET では性能などが向上するように CLR が各メンバーを適当に配置します。これでは C# と DLL 間で構造体をうまく受け渡すことができなくなります。C# で構造体を宣言しても、各メンバーの配置はプログラマが意識した配置と同じとは限りません。構造体の配置を記述通りとしたい場合、C# の StructLayout 属性を指定する必要があります。C/C++ 言語で宣言した構造体と同じように配置させるには、StructLayout 属性に LayoutKind.Sequential を指定します。LayoutKind.Sequential は構造体のメンバーが、宣言された順に配置されるよう C# に指示します。

　次に、DLL 関数を呼び出すための関数宣言が続きます。続いて、画像データを保持する byte 配列と、画像のサイズを保持する構造体を定義します。コンストラクターでコントロールの各種設定を行います。たとえば、Panel コントロールの AutoScroll プロパティを true に設定します。PictureBox コントロールは Panel コントロール上に配置されています。Panel コントロールの AutoScroll プロパティを true に設定しているので、PictureBox コントロールのサイズが Panel コントロールより大きくなると自動でスクロールバーが現れます。最後に、PictureBox コントロールの位置を左上隅に合わせます。

　［開く］メニュー項目が選択されたときに、制御が渡ってくる TSFileOpen_Click メソッドを示します。

リスト 15.6 ● opencv - Form1.cs (2)

```
// 「開く」メニュー項目
private void TSFileOpen_Click(object sender, EventArgs e)
{
    try
    {
        OpenFileDialog ofdlg = new OpenFileDialog();
        ofdlg.CheckFileExists = true;
        ofdlg.Filter = "画像ファイル(*.bmp,*.jpg)|*.bmp;*.jpg|"
                              + "すべてのファイル(*.*)|*.*";
        ofdlg.FilterIndex = 1;
        if (ofdlg.ShowDialog() == DialogResult.OK)
        {
            mImageSize = new ImageSize();
            dll_readAndDsize(ofdlg.FileName, ref mImageSize);
```

```
                    mImageData = new byte[mImageSize.width* mImageSize.height];
                    dll_getData(mImageData);

                    pictureBox1.Image = bytes2bmp(mImageData, mImageSize);
                    pictureBox1.Size = pictureBox1.Image.Size;

                    // ウィンドウサイズ調整
                    ClientSize = new Size(pictureBox1.Width,
                        pictureBox1.Height + menuStrip1.Height);
                }
            }
            catch (Exception ex)
            {
                MessageBox.Show(ex.Message);
            }
        }
```

　例外を捕捉するために try{} & catch{} で囲みます。まず、OpenFileDialog オブジェクト
を生成し、ShowDialog メソッドで「ファイルを開く」ダイアログを表示させます。使用者が
ファイルを選択し「開く」を選択すると、ShowDialog メソッドは DialogResult.OK を返しま
す。使用者が「キャンセル」を選択すると、DialogResult.OK 以外が返ってきます。使用者が
「キャンセル」を選択した場合、すぐにメソッドを抜けます。使用者がファイルを選択したら、
DLL 関数 dll_readAndDsize 関数を呼び出します。この関数は、画像の縦と横のサイズを返し
ますので、それをもとに byte 配列を割り付けます。この割り付けた byte 配列を引数にして、
DLL 関数 dll_getData を呼び出すと、配列に画像データを読み込むことができます。このまま
では C# で表示できないため、bytes2bmp メソッドを呼び出し、byte 配列を Bitmap オブジェ
クトへ変換します。これを PictureBox オブジェクトの Image プロパティに設定します。次に、
PictureBox の Size プロパティを画像サイズに合わせます。さらに、フォームの ClientSize
を画像の大きさに合わせ、丁度画像を表示できるサイズに変更します。幅は画像の幅をそのま
ま使用しますが、高さは画像の高さにメニューの高さを加算します。

　［変換］メニュー項目が選択されたときに、制御が渡ってくる TSFileTrans_Click メソッド
を示します。

リスト 15.7 ● opencv - Form1.cs (3)

```csharp
    // 「変換」メニュー項目
    private void TSFileTrans_Click(object sender, EventArgs e)
    {
        dll_Sobel(mImageData);

        pictureBox1.Image = bytes2bmp(mImageData, mImageSize);
        pictureBox1.Size = pictureBox1.Image.Size;
    }
```

　byte 配列を引数に、DLL 関数 dll_Sobel を呼び出し、Sobel 処理を行います。結果は、引数の byte 配列に受け取ります。先ほどと同様に、bytes2bmp メソッドを呼び出し、byte 配列を Bitmap オブジェクトへ変換します。これを PictureBox オブジェクトの Image プロパティに設定します。これによって Sobel 処理した結果が表示されます。

　［閉じる］メニュー項目が選択されたときに、制御が渡ってくる TSFileClose_Click メソッドを示します。

リスト 15.8 ● opencv - Form1.cs (4)

```csharp
    // 「閉じる」メニュー項目
    private void TSFileClose_Click(object sender, EventArgs e)
    {
        Close();
    }
```

単純に、Close メソッドを呼び出し、プログラムを終了させます。

byte 配列を Bitmap オブジェクトへ変換する bytes2bmp メソッドを示します。

リスト 15.9 ● opencv - Form1.cs (5)

```csharp
    // byte array to Bitmap object(Grayscale)
    private Bitmap bytes2bmp(byte[] imageData, ImageSize mImageSize)
    {
        Bitmap bmp = new Bitmap(mImageSize.width, mImageSize.height,
```

```
                                        PixelFormat.Format8bppIndexed);
        // set palette
        ColorPalette pal = bmp.Palette;
        for (int i = 0; i < 256; i++)
            pal.Entries[i] = Color.FromArgb(i, i, i);
        bmp.Palette = pal;

        //lock memory
        Rectangle rect = new Rectangle(0, 0, bmp.Width, bmp.Height);
        BitmapData bmpData = bmp.LockBits(rect,
                ImageLockMode.ReadWrite, PixelFormat.Format8bppIndexed);

        // copy bytes to bitmap
        IntPtr ptr = bmpData.Scan0;
        for (int i = 0; i < bmp.Height; i++)
        {
            Marshal.Copy(imageData, i * bmp.Width, ptr, bmp.Width);
            ptr += bmpData.Stride;
        }

        // unlock
        bmp.UnlockBits(bmpData);

        return bmp;
    }
  }
}
```

　本メソッドは、引数で受け取った byte 配列を、Bitmap オブジェクトへ変換します。まず、Bitmap オブジェクトを生成します。Bitmap オブジェクトの幅と高さは、引数の ImageSize 構造体で受け取ります。Bitmap オブジェクトのフォーマットは、Format8bppIndexed を指定します。つまり、本メソッドはグレイスケールのみに対応します。

　Bitmap オブジェクトのフォーマットに、Format8bppIndexed を指定したためパレットの設定が必要となります。Format8bppIndexed を Format24bppRgb へ変更し、RGB それぞれに同じ値を設定するとパレットの設定が不要となりますが、ひとつで良い画像データを３つ持つことになりますのでメモリーを不必要に消費します。まず、パレットを生成し、パレットの Entries 値は、パレットのインデックスと同じ値とします。つまり、画像データは色を表すのではな

くパレットへのインデックスを指し、そのパレットはインデックス値と同じですので、グレイスケールの画像を表現することができます。生成したパレットを、Bitmap オブジェクトの Palette プロパティへ設定します。

　次に、メモリーをロックする範囲を指定する Rectangle オブジェクトを生成します。そして BitmapData オブジェクト bmpData を、Bitmap オブジェクトの LockBits メソッドで作成します。このとき、Bitmap オブジェクトのビットマップをシステムメモリーにロックします。ロック範囲は、先ほど生成した Rectangle オブジェクトの範囲です。3 番目の引数に PixelFormat.Format8bppIndexed を指定します。これでロックした Bitmap のメモリー形式が決まります。LockBits メソッドの返却値を BitmapData オブジェクト bmpData に保存します。ポインターである ptr に BitmapData オブジェクトの Scan0 プロパティを設定します。Scan0 プロパティは、ビットマップ内の最初のピクセルデータのアドレスを示します。

　byte 配列のデータ保持方法が Bitmap オブジェクトと同じなら、byte 配列全体を Bitmap オブジェクトの先頭スキャンラインのアドレスへ丸ごとコピーするだけです。

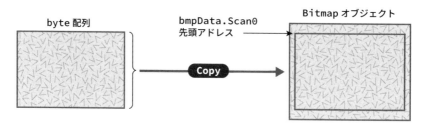

図15.7●byte配列全体を丸ごとコピー

　しかし、Bitmap オブジェクトと DLL が返す byte 配列（OpenCV の cv::Mat クラスのデータ保持方法）が異なるため若干の操作が必要です。Bitmap オブジェクトの画像フォーマットは、行のバイト数が 4 バイトバウンダリに整列されていなければなりません。ところが DLL が返す byte 配列は正確に行に対するメモリーを割り付け、4 バイトバウンダリに整列しません。このため、行のバイト数が 4 バイトバウンダリに整列されていない画像を読み込んだとき、byte 配列全体を Bitmap オブジェクトの先頭スキャンラインのアドレスへ丸ごとコピーすると正常に処理されません。これを回避するため、for ループを使用し行単位でコピーを実行します。つまり、4 バイトバウンダリに整列されていない画像を読み込んだときは、各行の最後の数バイトはコピーが行われません。

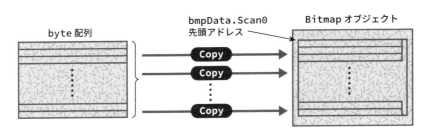

図15.8●バイト配列の内容を行単位でコピー

　最後に、Bitmap オブジェクトの LockBits メソッドでロックしたビットマップを、UnlockBits メソッドでシステムメモリーからロック解除します。そして、byte 配列から生成した Bitmap オブジェクトを呼び出し元に返します。

　以降に実行例を示します。まず、PATH 環境変数に OpenCV の実行に必要なファイルの場所を設定するか、コンソールを開き、OpenCV の実行に必要なファイルの場所を設定します。

```
set PATH=%PATH%;C:¥opencv¥build¥x64¥vc15¥bin;
```

　プログラムを起動し、画像を読み込み、［開く］メニュー項目を選択したときの様子を図で示します。

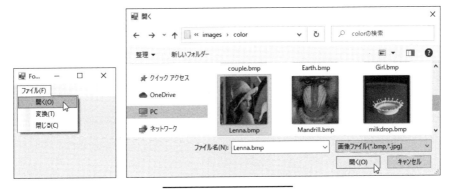

図15.9●画像を読み込む

画像ファイルを読み込むと、フォームに画像が表示されます。［変換］メニュー項目を選択すると、Sobel 処理された画像が表示されます。

図15.10● ［変換］メニュー項目を選択

■15.4.3 可変長配列に対応させる

先のプログラムを改良し、可変長の配列を扱えるようにして DLL 関数を 1 つ減らした例を紹介します。先のプログラムの dll_readAndDsize と dll_getData を 1 つの関数 dll_readImage へまとめます。先のプログラムは、DLL 関数 dll_readAndDsize を呼び出し、画像の縦と横のサイズを取得し、byte 配列を割り付けます。この割り付けた byte 配列を引数にして、DLL 関数 dll_getData を呼び出し、配列に画像データを読み込みました。

ここで、紹介するプログラムは、dll_readImage で画像のサイズと、画像データを同時に取得します。可変長配列の受け渡しについては、第 6 章「配列の受け渡し」の 6.3 節「参照渡しと配列のリサイズ」を参照してください。

まず、DLL 側のソースリストを示します。

リスト 15.10 ● opencv02 - Source.cpp （DLL）

```
#include <objbase.h>
#include <cstring>


#pragma warning(disable : 4819)        // disables warning messages

#include <opencv2/opencv.hpp>          // OpenCVヘッダ
#ifdef _DEBUG
```

```
#pragma comment(lib,"opencv_world450d.lib") // OpenCVライブラリ
#else
#pragma comment(lib,"opencv_world450.lib")  // OpenCVライブラリ
#endif
#define DLLAPI __declspec(dllexport) __stdcall

// struct
typedef struct _size
{
    int     width;
    int     height;
} size, *pSize;

extern "C"
{
    void DLLAPI dll_readImage(char* fname, pSize psize, uchar** ppArray);
    void DLLAPI dll_Sobel(uchar a[]);
}

static cv::Mat mSrc, mDst;

// read & size
void DLLAPI dll_readImage(char* fname, pSize psize, uchar** ppArray)
{
    mSrc = cv::imread(fname, cv::IMREAD_GRAYSCALE);

    psize->width = mSrc.cols;
    psize->height = mSrc.rows;

    std::size_t count = (std::size_t)mSrc.cols * (std::size_t)mSrc.rows;
    uchar* newArray = (uchar*)CoTaskMemAlloc(sizeof(uchar) * count);
    std::memcpy((void*)newArray, (const void*)mSrc.data, count);

    *ppArray = newArray;
}

// Sobel
void DLLAPI dll_Sobel(uchar a[])
{
```

```
    if (mSrc.empty())
        return;

    cv::Sobel(mSrc, mDst, -1, 0, 1);

    std::size_t count = (std::size_t)mDst.cols * (std::size_t)mDst.rows;
    memcpy((void*)a, (const void*)mDst.data, count);
}
```

先のプログラムと異なる部分へ網掛を行いました。#include が増えていますが、CoTaskMemAlloc と std::memcpy を使用するためです。dll_readImage 関数が、先の dll_readAndDsize と dll_getData 関数を兼ねています。まず、cv::imread で画像を OpenCV の機能を利用してグレイスケールで読み込みます。このとき、画像のサイズは読み込むまで不明です。そこで、読み込んだら CoTaskMemAlloc で必要なメモリーを割り付け、そこへ画像データをコピーします。このメモリーのアドレスと、画像の縦と横のサイズを呼び出し元へ返します。

dll_Sobel 関数は、先のプログラムと同様です。

次に、呼び出し元のソースリストを示します。

リスト 15.11 ● opencv02 - Form1.cs

```
        ⋮
    [StructLayout(LayoutKind.Sequential)]
    private struct ImageSize
    {
        public int width;
        public int height;
    }

    [DllImport("Dll.dll", CharSet = CharSet.Ansi)]
    private static extern int dll_readImage(String a,
                    ref ImageSize isize, out IntPtr array);
        ⋮
    // 「開く」メニュー項目
    private void TSFileOpen_Click(object sender, EventArgs e)
    {
```

```
        try
        {
            OpenFileDialog ofdlg = new OpenFileDialog();
             ⋮
            ofdlg.FilterIndex = 1;
            if (ofdlg.ShowDialog() == DialogResult.OK)
            {
                dll_readImage(ofdlg.FileName, ref mImageSize, out IntPtr buffer);
                mImageData = new byte[mImageSize.width* mImageSize.height];
                Marshal.Copy(buffer, mImageData, 0, mImageSize.width
                                            └ * mImageSize.height);

                Marshal.FreeCoTaskMem(buffer);

                pictureBox1.Image = bytes2bmp(mImageData, mImageSize);
                 ⋮
            }
             ⋮
        }
         ⋮
```

　［開く］メニュー項目が選択されたときに、制御が渡ってくる TSFileOpen_Click メソッドです。OpenFileDialog オブジェクトを生成し、ShowDialog メソッドで「ファイルを開く」ダイアログを表示させ、対象ファイルを選択させます。そのファイル名を引数に dll_readImage 関数を呼び出します。引数には、ファイル名が格納されている ofdlg.FileName、画像の高さと幅が返される ImageSize 構造体 mImageSize を ref 指定で、そして byte 配列が返される IntPtr の buffer を out 指定で渡します。buffer は割付けしていないので out を指定します。

　dll_readImage 関数から戻ってきたら、byte 配列を new で割り付け、mImageData に保持します。割り付けサイズは dll_readImage 関数が返した値を使用します。次に、DLL 関数内で保持している画像データを Marshal.Copy で、buffer から mImageData へコピーします。最後に、Marshal.FreeCoTaskMem で、DLL が割り付けたメモリーを解放します。以降は、先のプログラムと同様です。

　動作は先のプログラムと同様なので、省略します。

■ 15.4.4 呼び出し規約を変更

　呼び出し規約を Cdecl へ変更したものも示します。ついでに、バッファを配列の実体ではなく、ポインターで受け取るようにするとともに、メモリーの確保は OpenCV へ任せ、その値を呼び出し側へ渡すようにします。

　まず、DLL 側のソースリストを示します。

リスト 15.12 ● opencv03 - Source.cpp （DLL）

```cpp
#include <objbase.h>
#include <cstring>

#pragma warning(disable : 4819)            // disables warning messages

#include <opencv2/opencv.hpp>              // OpenCVヘッダ
#ifdef _DEBUG
#pragma comment(lib,"opencv_world450d.lib") // OpenCVライブラリ
#else
#pragma comment(lib,"opencv_world450.lib")  // OpenCVライブラリ
#endif

    ⋮

extern "C"
{
    __declspec(dllexport) uchar* dll_readImage(char* fname, pSize psize);
    __declspec(dllexport) uchar* dll_Sobel(pSize psize);
}

static cv::Mat mSrc, mDst;

// read & size
__declspec(dllexport) uchar* dll_readImage(char* fname, pSize psize)
{
    mSrc = cv::imread(fname, cv::IMREAD_GRAYSCALE);

    psize->width = mSrc.cols;
    psize->height = mSrc.rows;
```

```
    return (uchar*)mSrc.data;
}

// Sobel
__declspec(dllexport) uchar* dll_Sobel(pSize psize)
{
    if (mSrc.empty())
        return (uchar*)0;

    cv::Sobel(mSrc, mDst, -1, 0, 1);

    psize->width = mSrc.cols;
    psize->height = mSrc.rows;

    return (uchar*)mDst.data;
}
```

　これまでのプログラムと異なる部分へ網掛を行いました。まず、関数の宣言から __stdcall を削除します。このようにすると、呼び出し規約を __cdecl へ変更します。また、関数の返却値を uchar* とし、Mat オブジェクトが保持しているバッファを、そのまま返します。これによって、これまでのプログラムのようにバッファの確保やコピーを行う必要がなくなります。

　次に、呼び出し元のソースリストを示します。

リスト 15.13 ● opencv03 - Form1.cs

```
        ⋮
    // struct
    [StructLayout(LayoutKind.Sequential)]
    private struct ImageSize
    {
        public int width;
        public int height;
    }

    [DllImport("Dll.dll", CharSet = CharSet.Ansi, CallingConvention
                                    └ = CallingConvention.Cdecl)]
```

15

```
        private static extern IntPtr dll_readImage(String a, out ImageSize isize);


    [DllImport("Dll.dll", CallingConvention = CallingConvention.Cdecl)]
    private static extern IntPtr dll_Sobel(out ImageSize isize);

        ⋮
    // 「開く」メニュー項目
    private void TSFileOpen_Click(object sender, EventArgs e)
    {
        try
        {
            OpenFileDialog ofdlg = new OpenFileDialog();
            ofdlg.CheckFileExists = true;
            ofdlg.Filter = "画像ファイル(*.bmp,*.jpg)|*.bmp;*.jpg|"
                                        + "すべてのファイル(*.*)|*.*";
            ofdlg.FilterIndex = 1;
            if (ofdlg.ShowDialog() == DialogResult.OK)
            {
                IntPtr buffer = dll_readImage(ofdlg.FileName,
                                            ∟ out ImageSize imageSize);
                Byte[] imageData = new byte[imageSize.width* imageSize.height];
                Marshal.Copy(buffer, imageData, 0, imageSize.width
                                                ∟ * imageSize.height);

                pictureBox1.Image = bytes2bmp(imageData, imageSize);
                pictureBox1.Size = pictureBox1.Image.Size;

                // ウィンドウサイズ調整
                ⋮
    }

    // 「変換」メニュー項目
    private void TSFileTrans_Click(object sender, EventArgs e)
    {
        IntPtr buffer = dll_Sobel(out ImageSize imageSize);
        Byte[] imageData = new byte[imageSize.width * imageSize.height];
        Marshal.Copy(buffer, imageData, 0, imageSize.width * imageSize.height);

        pictureBox1.Image = bytes2bmp(imageData, imageSize);
```

```
            pictureBox1.Size = pictureBox1.Image.Size;
        }
         ⋮
```

　DLL で宣言された関数を呼び出すため、DllImport を使用し DLL 関数名を指定しますが、これまでと少し変わります。DLL の関数の呼び出し規約を __cdecl へ変更したため、呼び出し側も CallingConvention = CallingConvention.Cdecl を追加し、呼び出し規約を DLL 関数へ合わせます。また、DLL 関数の返却値は uchar* ですので、IntPtr で受け取るようにします。

　[開く]メニュー項目が選択されたときに、制御が渡ってくる TSFileOpen_Click メソッドです。バッファの扱いが変わります。受け取った画像の幅と高さを使用して byte 配列を割り付けます。その後、受け取ったバッファのアドレスから。割り付けた byte 配列に Marshal.Copy でデータをコピーします。bytes2bmp メソッドで byte 配列を Bitmap オブジェクトへ変換するのは、これまでと同様です。bytes2bmp メソッド呼び出し後は、byte 配列は不要ですので、null を代入しガーベジ対象であることを明示的にシステムへ通知しても良いでしょう。ここでは、メモリーの解放はシステムに任せたので、何もしていません。

　[変換]メニュー項目が選択されたときに、制御が渡ってくる TSFileTrans_Click メソッドを示します。こちらも、バッファの扱いが変わるだけで、ほかには変更はありません。

　動作はこれまでのプログラムと同様なので、省略します。

参考文献

1. マイクロソフト社ドキュメントサイト、https://docs.microsoft.com/ja-jp/documentation/
2. マイクロソフト社ウェブサイト「アンマネージコードとの相互運用」、https://docs.microsoft.com/ja-jp/dotnet/framework/interop/
3. 北山 洋幸、『C# による Windows システムプログラミング 第 2 版』、株式会社カットシステム

索引

■ 著者プロフィール

北山洋幸 （きたやま・ひろゆき）

鹿児島県南九州市知覧町出身（旧川辺郡知覧町）、富士通株式会社、日本ヒューレット・パッカード株式会社（旧横河ヒューレット・パッカード株式会社）、米国 Hewlett-Packard 社、株式会社 YHP システム技術研究所を経て有限会社スペースソフトを設立、現在は引退し悠々自適な毎日。

メインフレームのシステムソフトウェアやコンパイラの開発、プロセッサシミュレータを複数の研究機関と共同で開発する。その後、初期のイメージングシステム、パーソナルコンピュータ、メディア統合の研究・開発に従事する。数か月に及ぶ海外への長期出張や、シリコンバレー R&D 部門への配属、そして西海岸以外への出張も経験する。US へ滞在した際は、乾燥による鼻血と静電気に悩まされた。その後、コンサルティング分野に移り、通信、リアルタイムシステム、信号処理・宇宙航空機、電力などのインフラ、LSI の論理設計などなど、さまざまな研究・開発に参加する。並行して多数の印刷物に寄稿する。現在は、本業はほとんど行わず、日々地域猫との交流を楽しんでいる。

著訳書

　月刊誌、辞典、季刊誌、定期刊行物へのコラム・連載など多数。

C# ミックスドプログラミング

2021 年 5 月 20 日　　初版第 1 刷発行

著　者　　北山 洋幸
発行人　　石塚 勝敏
発　行　　株式会社 カットシステム
　　　　　〒 169-0073 東京都新宿区百人町 4-9-7　新宿ユーエストビル 8F
　　　　　TEL（03）5348-3850　　FAX（03）5348-3851
　　　　　URL　https://www.cutt.co.jp/
　　　　　振替　00130-6-17174
印　刷　　シナノ書籍印刷 株式会社

本書に関するご意見、ご質問は小社出版部宛まで文書か、sales@cutt.co.jp 宛に e-mail でお送りください。電話によるお問い合わせはご遠慮ください。また、本書の内容を超えるご質問にはお答えできませんので、あらかじめご了承ください。

Cover design　Y.Yamaguchi　　© 2021 北山洋幸
Printed in Japan　ISBN978-4-87783-506-4